www.tredition.de

AF196287

© 2020 Dr. Gustav Keller

Verlag & Druck: tredition GmbH, Halenreie 40-44, 22359 Hamburg

ISBN
Paperback: 978-3-347-02598-1
Hardcover: 978-3-347-02599-8
e-Book: 978-3-347-02600-1

Dr. Gustav Keller

Die Seele des Menschen

Eine kurze Geschichte von der Steinzeit bis heute

Inhaltsverzeichnis

1. Einleitung

In unserer Alltagssprache ist sehr häufig von der Seele die Rede. Und zwar immer dann, wenn es um das eigene oder das fremde Innere geht. Der Begriff „Seele" begegnet uns auch in Form vieler Redewendungen und Metaphern. Man redet sich seine Sorgen von der Seele. Aus tiefster Seele hofft man auf die Genesung eines Mitmenschen. Ist jemand zwischen zwei Bestrebungen hin- und hergerissen, wohnen zwei Seelen, ach, in seiner Brust. Wenn zwei Menschen miteinander harmonisieren, sind die beiden ein Herz und eine Seele. Widmet man sich einer Arbeit mit Begeisterung, tut man dies mit ganzer Seele. Sagt jemand genau das, was man empfindet, spricht er einem aus der Seele.

In den Muttersprachen der Menschheit entstanden bildkräftige Wörter, mit deren Hilfe die Menschen ihr Inneres bezeichneten. Im Deutschen war es die Seele. Dieses Wort entstammt dem ur-germanischen saiwaz (See). Nach germanischer Mythologie lebten die Seelen der Ungeborenen sowie die der Toten in der Tiefe von Seen.

Im Prozess der Kulturentwicklung differenzierten sich die Vorstellungen von der menschlichen Seele weiter aus. Es entstanden Seelenlehren. Sie wurden ursprünglich entwickelt von antiken Denkern wie Platon, Aristoteles und Augustinus. Danach erfolgte die Erforschung der Seele auf einem immer breiter werdenden Wissensfeld. Nicht nur Philosophen und Theologen beschäftigten sich mit unserem Inneren, sondern auch Mediziner, Psychologen, Biologen und Biochemiker. In neuester Zeit geschieht dies zunehmend interdisziplinär unter dem Dach der Neurowissenschaften beziehungsweise der Hirnforschung.

Vor allem in der Psychologie ist der Begriff „Seele" vom Begriff „Psyche" abgelöst worden. Dennoch wird die traditionelle Bezeichnung von den Anwendern psychologischen Wissens weiterhin verwendet. Man spricht inzwischen sogar von einer Renaissance des Seelenbegriffes. Wenn es darum geht, die Gesamtheit unseres Denkens, Wollens, Fühlens und Empfindens sprachlich auf einen Nenner zu bringen, ist sein Gebrauch für viele Menschen vertrauter und verständlicher.

Das vorliegende Buch bündelt das Wissen von der menschlichen Seele in Form einer „Seelengeschichte", die in der Steinzeit beginnt und in der Jetztzeit endet. Es zeigt Epoche für Epoche auf,

- wie man sich die Seele vorstellt,
- welche Leiden die Seele plagen,
- wie man sie zu heilen versucht.

Jedes dieser Kapitel wird mit Aphorismen beschlossen, deren Verfasser aus der jeweiligen Epoche stammen und Seelisches markant auf den Punkt bringen.

Ich möchte Sie, liebe Leserinnen und Leser, zu einem Rundgang durch mein kleines Museum der Seele einladen. Dieser möge nicht nur Ihr Wissen erweitern, sondern er sollte Sie auch zum Nachdenken über Ihre eigene Seelengeschichte ermutigen.

2. Seele in der Steinzeit

Fast alle frühen Völker glaubten daran, dass sich die Seelen von den Körpern zu lösen vermochten. Über die ganze Erde war die Vorstellung verbreitet, dass Seelen in Gestalt eines Tieres die Körper verlassen konnten. Unter den verschiedenen Tierarten spielten besonders die Vögel eine wichtige Rolle.
Andreas Furger

Der Jetztmensch gehört zur Art Homo sapiens, die es seit 300000 Jahren gibt und die in Afrika entstand. Vor circa 120000 Jahren begann seine Migration in andere Erdteile, die sich in Wellen vollzog.

Im Verlauf der ältesten Periode der Menschheitsgeschichte, die Steinzeit genannt wird, wurden sich die Menschen ihrer Seele bewusst. Sie entdeckten durch Selbstbeobachtung und Selbstreflexion ihr mentales und emotionales Inneres. Wann dies genau geschah, wissen wir nicht, denn die steinzeitliche Kultur war schriftlos.

Die Denkfähigkeit des Homo sapiens war in der Zeit seiner Ich-Dämmerung so weit entwickelt, dass er Vorstellungen von der Seele entwickelte. Er gelangte zu der Auffassung, dass sich die Seele nach dem Tod vom Körper löst. Diese brachte er symbolisch zum Ausdruck. Man kann es aus prähistorischen Felsmalereien erschließen.

Das älteste Seelendarstellung befindet sich in der Höhle von Lascaux in Frankreich, die als „Sixtinische Kapelle der Höhlenmalerei" bezeichnet wird und Weltkulturerbe der UNESCO ist. Es ist um 15000 v. Chr. entstanden. Das Höhlenbild zeigt einen Toten, in dessen Nähe die aus seinem Körper entwichene Seele in Gestalt eines Vogels sitzt. Ähnlich wurde die persönliche Seele in der Vor- und Frühgeschichte immer wieder dargestellt.

Die Existenz von Seelenvorstellungen ist auch aus den vielerorts gefundenen Seelensteinen zu ersehen. Es handelt sich um bemalte Kieselsteine, die die Seelen der Verstorbenen verkörpern. Ebenso zu erwähnen sind die in Urnen und Grabmälern entdeckten Seelenlöcher. Durch diese Öffnungen können, so die archaische Vorstellung, die Seelen entweichen oder zurückkehren.

Der prähistorische Seelenglaube ist aus materiellen Relikten kaum rekonstruierbar. Hierzu müssen wir aus kulturanthropologischen Beobachtungen an Naturvölkern, die heute noch wie in der Steinzeit leben, Rückschlüsse ziehen. Sie lassen uns vermuten, dass man zwischen einer Körperseele und einer Freiseele unterschied. Erstere ist fest mit dem Körper verbunden, reguliert dessen Funktionen und stirbt unweigerlich mit ihm. Die Freiseele steuert den Geist. Sie kann den Körper im Schlaf oder in der Trance zeitweilig verlassen. Nach dem Tod löst sie sich endgültig vom Körper und setzt ihre Existenz im Jenseits fort.

Die Geisteshaltung steinzeitlicher Menschen war zweifelsohne magisch-animistisch geprägt. Sie glaubten an die Beseeltheit der Natur. Es ist außerdem davon auszugehen, dass ihr Gefühlsleben intensiver war als das der Jetztmenschen. Emotionen wie Liebe, Eifersucht, Angst, Neid, Wut und Hass zeigten sie offener, und die Emotionsregulation fiel ihnen schwerer. Ihr sozialmoralisches Verhalten war in starkem Maße vom Clan-Gewissen beeinflusst.

Sehr wahrscheinlich litten schon die Steinzeitmenschen an seelischen Störungen. Sie glaubten an eine übernatürliche Krankheitsverursachung. Zum einen sind es Götter, die den Menschen wegen Vergehen, böser Taten und Tabubrüchen mit Seelenleid bestrafen. Zum anderen gibt es auch den Einfluss von Dämonen, die von der Seele des Kranken Besitz ergreifen.

Seelisch Kranken versuchten zunächst die Stammesangehörigen durch Beruhigung und Beschwörungen zu helfen. Mithilfe der Beschwörungsrituale sollten die bösen Geister zur Milderung ihres Leidens oder zum Verlassen der Seele bewogen werden.

Wenn die seelische Ersthilfe nicht wirkte, traten Heiler und Schamanen in Aktion. Sie glaubten mit Heilzeremonien, Heiltränken, Gesängen, Zaubersprüchen oder Trancetänzen das seelische Gleichgewicht des Patienten wiederherstellen zu können.

Bisweilen wurde auch eine Trepanation mit Feuersteinmessern vorgenommen. Beispielsweise an Kranken, die an einer von Verwirrtheit begleiteten Gehirnerkrankung litten. Durch die Schädelöffnung sollten die bösen Geister, die man hinter der Krankheitsgenese ursächlich vermutete, aus dem Hirn entweichen. Historische Funde belegen, dass erstaunlich viele Menschen diesen riskanten operativen Eingriff überlebten. Daraus lässt sich auf ein erstaunlich gutes operatives Geschick der steinzeitlichen „Chirurgen" schließen. Die Medizinerin und Anthropologin Julia Gresky vom Deutschen Archäologischen Institut (Berlin) fand heraus, dass diese Heiler ihre Operationstechnik an Kuhschädeln trainiert hatten.[1]

Schließlich wurden auch Trepanationen nach dem Tod eines Menschen aus religiös-rituellen Gründen durchgeführt. Durch das Anbohren des Schädels sollte es der Seele ermöglicht werden, den toten Körper zu verlassen.

---

1 https://www.spiegel.de/wissenschaft/mensch/schaedel-oeffnung-trepanation-steinzeit-arzt-im-praktikum-a-1203684.html

3. Seele im Altertum

Das Altertum ist eine Geschichtsepoche, die vom Beginn der frühen Hochkulturen (ca. 3000 v. Chr.) bis zum Untergang Roms (476 n. Chr.) reicht. Ein wesentliches Merkmal hochkultureller Entwicklung ist die Herausbildung eines Schriftsystems, mit dem Informationen vermittelt und bewahrt werden. Aufgrund dieser Erfindung ist es möglich, uns an Hand überlieferter schriftlicher Quellen einen Einblick in das Kultur- und Seelenleben alter Völker zu verschaffen.

Sumer

Aus den sumerischen Keilschrifttafeln der ältesten Hochkultur geht hervor, dass ihre Sprache noch kein Wort enthielt, das direkt mit Seele übersetzt werden könnte. Die Sumerer benutzten aber Ausdrücke, die Ähnliches bezeichneten. Sie nahmen ein Inneres an, das dem Menschen Lebenskraft verleiht. Es ist eine Art Vitalseele, deren Sitz in der Leber lokalisiert wird.

In den Schriftquellen ist auch zu lesen, dass die Sumerer von seelischen Leiden heimgesucht wurden. Genannt werden beispielsweise Ängste, hysterische Lähmungen und Verwirrtheit, hervorgerufen durch den bösen Blick oder dämonische Kräfte. Die Heilmittel glichen denen der Steinzeitmenschen. Man führte Heil- und Reinigungsrituale durch. Für die Austreibung der bösen Geister waren Exorzisten, mašmāšu- oder ašīpu-Priester, zuständig. Darüber hinaus wurde auch die Hypnose als Heilverfahren angewandt. Dabei arbeitete man mit unterschiedlichen Hypnosestufen, und zwar mit leichter, mittlerer und tiefer Trance.

Ägypten

Eine ebenso alte und blühende Hochkultur war Ägypten. Die antiken Ägypter unterschieden drei Seelenformen: die Ba-, Ka- und Ach-Seele. Die Ba-Seele ist der nichtkörperliche individuelle Teil einer Person. Sie entweicht nach dem Tod aus dem Körper und wird zu einem Vogel. Die Ka-Seele ist die Lebenskraft, die den Menschen nach seinem Ableben verlässt und eigenständig weiterexistiert. Die Ach-Seele ist die mit dem Jenseits verbundene Geistseele. Sie beschützt posthum das Grab des Verstorbenen und achtet drauf, dass sein gutes Ansehen erhalten bleibt.

Was den Ort seelischer Vorgänge betrifft, vermuteten ihn die alten Ägypter im Herz. Später, in der Mitte des zweiten vorchristlichen Jahrtausends, scheint von medizinischen Experten die Rolle des Gehirns als Steuerungszentrale von Psyche und Körper erkannt worden zu sein. Dies geht aus dem Papyrus Edwin Smith hervor, der als einer der ältesten Medizinbücher gilt.

Dass die Menschen an seelischen Störungen litten, war im alten Ägypten keine Seltenheit. Besonders häufig handelte es sich um Depressionen. Im Hieratischen Papyrus befindet sich die Fallgeschichte eines Lebensmüden, der sich selbstanalytisch mit seiner Seele auseinandersetzte:

Da öffnete ich meinen Mund zu meinem Ba, damit ich beantwortete, was er gesagt hatte: Das ist zu groß für mich heute, dass mein Ba nicht mit mir gemeinsam spricht, das ist ja noch größer als Übertreibung. Es ist, als ob er gleichgültig gegen mich geworden ist. Nicht soll mein Ba fortgehen, sondern er stehe für mich ein, ... in meinem Leine mit Seil und Strick. Und nicht steht es ihm frei, dass er entflieht am Tage der Trübsal. Sehet, mein Ba greift mich an, weil ich nicht auf ihn höre, indem ich mich zum Tode ausstrecke, bevor ich ... zu ihm gekommen bin, indem ich mich auf Feuer lege, um mich zu verbrennen ... Er sei mir nahe am Tag der Trübsal ... Mein Ba, töricht bis zum Verzweifeln, ist ein Lebensmüder.

Lass mich (deshalb) doch zum Tode treiben, bevor ich (von selbst) zu ihm gekommen bin! Mache mir doch den Westen angenehm! Bedeutet er denn (wirklich) Trübsal? Ein Kreislauf ist das Leben, auch die Bäume müssen fallen. Setz dich doch über die Sünde hinweg, solange ich Elender noch lebe.

Thot möge mich richten, der Versöhner der Götter. Chons möge mich verteidigen, der Schreiber der Maat. Re möge mich verhören, der das Sonnenschiff zur Ruhe weist. Isdes möge mich verteidigen in der prächtigen Kammer ... meine Bedrücktheit lastet (auf dem Feuerbecken), das sie mir herbeigetragen hat. Möchten doch die Götter das Geheimste meines Leibes abwehren!

Was mein Ba zu mir sagte (ist Folgendes): Bist denn nicht du der Mann? Lebst du denn überhaupt? Was ist denn nun dein Ziel, dass du dich sorgst, um das Gute wie ein Herr sich um seine Schätze sorgt?

Ich sage: ich bin (noch) nicht gegangen, da jenes noch nicht geklärt ist. Der, welcher gewaltsam beseitigt, nimmt fort, ohne sich um dich zu kümmern. Jeder Räuber sagt: ich werde dich fortschleppen, indem dein Los der Tod ist (und nur) dein Name am Leben bleibt.

Das Jenseits (aber) ist die Stätte, wo man sich niederlässt, wo das Herz hingeführt wird; die Heimat ist der Westen ... Wenn (daher) mein Ba auf mich hört (als einer), der ohne Schaden ist, indem sein Herz mit mir (zu einer Ganzheit) zusammengefügt ist, dann wird er glücklich sein. Ich werde ihn (dann) den Westen erreichen lassen wie einen, der in seiner Pyramide wohnt und bei dessen Bestattung ein Hinterbliebener zugegen war. Ich werde ein ... machen über deinen Leichnam, so dass du einen andern Ba bemitleidest als (den eines) Müden. Ich werde ein ... machen, - möge er nicht kalt sein – so dass du bemitleidest einen anderen Ba, dem es heiß ist. Ich werde Wasser trinken an der Wasserstelle und erhebe den ..., so dass du bemitleidest einen andern Ba, der hungrig ist.

Wenn du mich aber zum Tode hintreiben lässt auf diese Art, dann wirst du keine (Stätte) finden, wo du dich niederlassen könntest im Westen. Sei doch freundlich, mein Ba, mein Bruder, bis es geschieht, dass mein Erbe, der opfern und am Grabe stehen soll am Tage der Bestattung, das Bett der Unterwelt bereiten wird.

Da öffnete mein Ba seinen Mund zu mir, damit er beantwortete, was ich gesagt hatte: Wenn du an das Begräbnis denkst, - Wehleidigkeit ist das; es ist das Bringen der Träne beim Traurigmachen des Menschen, es bedeutet (schließlich) das Wegholen des Menschen aus dem Hause, um ihn auf den Hügel zu werfen – dann kannst du nicht mehr nach oben hervorkommen, um das Sonnenlicht zu sehen. Die aus Granit gebaut und die Schönes in schöner Arbeit als Pyramide errichtet haben: während die Bauherren zu Götter werden, sind die ihnen zustehenden Opfertische leer wie die (der) „Müden", die auf dem Uferdamm gestorben sind ohne einen Hinterbliebenen; das Wasser hat sich seinen Anteil genommen und desgleichen die Sonnenglut den ihren; die Fische reden zu ihnen und der Uferrand.

Höre nun mich an! Siehe, es ist gut, wenn die Menschen hören. Folge dem schönen Tag und vergiss die Sorge![2]

Für die Therapie seelischer Störungen standen Priesterärzte zur Verfügung. Die Behandlungen fanden in den Tempelbezirken statt, und zwar in den „Häusern des Lebens". An Heilmitteln wurden angewandt: magische Beschwörungen, Exorzismus, Einnahme von Heilkräutern sowie der Tempelschlaf. Letzteres bedeutet, dass der Patient mit Hilfe von Suggestionen in einen traumähnlichen Entspannungszustand versetzt wurde. Bisweilen wurde auch das Lesen von Schriften therapeutisch genutzt. So prangte über dem Eingang der Bibliothek von Theben die Inschrift „Heilstätte der Seele".

---

2 Jacobsohn u. a. 1952, S. 10 ff.

Israel

Im Alten Testament (Genesis 2,7) steht, dass Gott den Menschen aus Lehm formte und ihm durch die Nase das Leben einhauchte. *Und also ward der Mensch eine lebendige Seele.* Die Seele verfügt über drei wichtige Bereiche: Nefesch (Lebenstrieb), Ruach (Lebensspirit) und Neschamah (Verstandesseele). Wenn jemand an seiner Seele erkrankte, wurde dies als Strafe Gottes betrachtet. Im Buch Deuteronomium 28, 28 heißt es: *Der Herr schlägt dich mit Wahnsinn, Blindheit und Irresein.* Dies widerfuhr dem König Saul, weil er die Amalekiter nicht so besiegt hatte, wie es Gott ihm befahl. Wer ein skurriles Verhalten an den Tag legte, wurde nicht gleich für verrückt erklärt. Man differenzierte zwischen einer milden und einer wahnhaften Verrücktheit. Wenn jemand seelisch erkrankte, gab man ihm Gelegenheit, sich seine Ängste und Sorgen von der Seele zu reden. Und man unterstützte ihn durch ermutigenden Zuspruch. Aggressive Wahnkranke, denen auf diesem Weg nicht zu helfen war, wurden festgebunden, damit sie andere und sich selbst nicht schädigten. Auch im Israel der neutestamentlichen Zeit gehörte das Leiden an der Seele zu den gängigen Krankheiten. Psychotiker wurden nicht selten aus der Gemeinschaft ausgegrenzt. Der jüdische Wanderprediger Jesus von Nazareth begegnete ihnen ohne Vorurteile und aus einer den Nächsten liebenden Grundhaltung. Mit außergewöhnlicher Suggestivkraft versuchte er sie von ihrer Seelenkrankheit zu befreien. Ein Fallbeispiel, das im Evangelium nach Markus 5, 1-20 zu finden ist, ist der Besessene von Gerasa. Die Symptombeschreibung lautet:

Man konnte ihn nicht bändigen, nicht einmal mit Fesseln. Schon oft hatte man ihn an Händen und Füßen gefesselt, aber er hatte die Ketten gesprengt und die Fesseln zerrissen; niemand konnte ihn bezwingen. Bei

Tag und Nacht schrie er unaufhörlich in den Grabhöhlen und auf den Bergen und schlug sich mit Steinen.[3]

Jesus machte den Besessenen glauben, dass Dämonen seine Erkrankung verursacht haben. Mit diesen Geistern, die nichts anderes sind als abgespaltene Seeleninhalte, trat er in Dialog. Er ließ sie auf ihre Bitte hin in eine Schweineherde fahren, die in der Nähe weidete. Daraufhin stürzten sie in einen See. Aufgrund dieser exorzistischen Handlung wurde der Wahnkranke geheilt.

Ein anderes Beispiel ist die Heilung der Maria Magdalena. Die aus dem Dorf Magdala am Westufer des Sees Genezareth stammende Frau litt an einer hartnäckigen seelischen Erkrankung. In diesem Seelenzustand wurde sie Jesus vorgestellt. Er trieb ihr sieben Dämonen aus. Nach ihrer Heilung schloss sie sich Jesus' engstem Kreis an und wurde seine Weggefährtin.

Seelisches Leid dadurch zu beenden, dass man sich selber tötet, war moralisch verwerflich. Gemäß der jüdischen Religion ist nur Jahwe berechtigt, das Leben zu geben und es zu nehmen. Anders bewertet wurde der kollektive Selbstmord, den 960 Juden im Jahr 73 begingen, weil sie sich den römischen Belagerern nicht ergeben wollten. Ihnen wurde eine hohe Verehrung zuteil.

---

3 https://de.sacredspace.ie/node/187392

Indien

Die altindisch-hinduistische Seelenlehre unterscheidet zwischen zwei Seelen. Die eine ist Atman, die Einzelseele, die andere Brahman, die Weltseele. Beide sind Teile eines großen Ganzen. Alles Leben ist beseelt, auch das der Tiere und Pflanzen. Die Einzelseele ist aufgrund ihrer Identität mit der Weltseele unsterblich. Sie wandert nach dem Tod weiter und inkarniert sich in andere Lebewesen. Die Seelenwanderung eröffnet die Chance zur Läuterung und Vervollkommnung. Gelingt dies, kann die Einzelseele mit der Weltseele eins werden und ins Nirwana eingehen.

Im Gegensatz zum Hinduismus leugnet der Buddhismus die Existenz einer persönlichen Seele. Nach der Lehre des Buddha besteht die Seele (nama) aus dem Bewusstsein und den Geistesfaktoren wie zum Beispiel Begierde, Hass, Konzentration, Vertrauen, Wertschätzung oder Gelassenheit . Die Geistesfaktoren versetzen das Bewusstsein in unterschiedliche Zustände.

Auch im Alten Indien wurden Menschen von seelischen Erkrankungen heimgesucht. Zunächst betrachtete man diese als dämonisch verursacht.   Die Behandlung wurde von Hindu-Priestern durchgeführt. Sie bestand aus Zaubersprüchen, exorzistischen Ritualen und Meditationen. Später entfaltete und verbreitete sich die Ayurveda-Medizin, eine Körper, Geist und Seele behandelnde ganzheitliche Heilkunst. Die ayurvedischen Heiler halfen den Patienten mit Lebensstilberatung, Ernährungsberatung und Heilmassagen. Ergänzt wurde dieser Ansatz durch Yoga-Übungen. Darüber hinaus kamen auch pflanzliche Heilmittel zur Anwendung, so zum Beispiel die Schlangenwurzel (Rauwolfia serpentia), die beruhigend und angstreduzierend wirkt.

China

In der Weisheitslehre des Laotse (606-520 v. Chr.) ist die Seele keine eigenständige Wesenheit. Sie ist lediglich eine individuelle Erscheinung einer absoluten Kraft, des Tao. Das Tao ist der Urgrund allen Seins. Sich damit in Einklang zu bringen, soll Ziel seelischen Strebens sein.

Der Philosoph Konfuzius (551-479 v. Chr.) erweiterte das altchinesische Psychologie-Wissen. Er sieht im Innern des Menschen zwei gegensätzliche, sich ergänzende Urkräfte wirken: Das bewahrende Yin und das schöpferische Yang. In deren dynamischen Wechselspiel muss immer wieder ein Gleichgewicht hergestellt werden.

Nach der altchinesischen Medizin entstehen Krankheiten aufgrund des Ungleichgewichts von Yin und Yang und von Störungen des Lebensenergie-Flusses Qi. Dies gilt sowohl für körperliche als auch für seelisch-geistige Krankheiten. Im Volksglauben hingegen hielt sich immer noch die Annahme einer dämonologischen Verursachung.

Das „schulmedizinische" Therapieinventar bestand aus Akupunktur, heilpflanzlicher Behandlung, Diätmaßnahmen sowie Bewegungs-, Konzentrations- und Meditationsübungen. Denjenigen, die ihre Krankheit als das Werk böser Geister betrachteten, wurden von Volksheilern exorzistische Heilverfahren angeboten.

Japan

Im alten, vom shintoistischen Volksglauben geprägten Japan hieß die Seele tama oder mitama. Damit ist etwas gemeint, das wertvoll, wunderschön und geheimnisvoll ist. Der Seele wohnt ein ambivalentes Wesen inne. Ein Seelenteil ist sanftmütig und sorgt dafür, dass sich der Mensch wohlfühlt. Der andere Seelenteil ist leidenschaftlich und verleitet den Menschen immer mal wieder zu bösen Handlungen.

Wenn der Mensch stirbt, verlässt die Seele den Körper. Mögliche Zielorte der entfliehenden Seele sind: die von bösen Geistern bewohnte Unterwelt, aus der es kein Entrinnen gibt; das Himmelreich, wohin reine Seelen rasch gelangen; das Totenreich jenseits des Meeres.

Erkrankungen des Körpers wie auch der Seele sah man durch Götter und Dämonen verursacht. Die Behandlung erfolgte durch schamanistische Verfahren und Reinigungsrituale. Zu Letzteren gehörten die Einnahme von Heilkräutern und das Baden in heißen Quellen.

Griechenland

Homer war es, der um 800 v. Chr. in seinen Epen Ilias und Odyssee, die zusammen dreißigtausend Zeilen umfassen, zum ersten Mal das Wort Seele (griech. Psyche, abgeleitet von psychein = atmen) gebrauchte. Er verstand darunter allerdings nicht das, was später damit gemeint war. Für ihn ist die Psyche ein Lebensodem, dessen Sitz die Lunge ist.

Die Seele verlässt den Menschen beim Tod – entweder durch den Mund oder durch eine tödliche Wunde. Anschließend fliegt sie, geleitet vom Götterboten Hermes, auch Psychopompos (Seelengeleiter) genannt, zum Fluss Styx. Dort nimmt sie der Fährmann Chakron in Empfang und schifft sie in den Hades. In diesem Reich der Toten wird aus dem entflogenen Lebensodem die Totenseele. Hierzu heißt es in der Odyssee:
Dies ist das Gesetz beim Tode sterblicher Menschen: Die Sehnen halten das Fleisch und die Knochen dann nicht mehr zusammen; es machen

starke Kräfte lodernden Feuers dies alles zunichte, hat erst der Wille zum Leben die weißen Gebeine verlassen. Dann aber flieht die Seele auch flatternd davon wie ein Traumbild.[4]

Anzumerken ist, dass Homer keinesfalls psychologisch unkundig war. Er beschrieb in seinen Erzählungen detailliert geistig-emotionale Aspekte des Menschen wie die Gefühle, den Verstand oder den Willen. Diese subsumierte er jedoch nicht unter dem Oberbegriff „Seele".

Eine neue Seelenvorstellung, die sich von der Homers unterschied, verbreitete sich im 6. Jahrhundert v. Chr. im alten Griechenland. Es war die orphische Seelenlehre, benannt nach dem sagenhaften Sänger Orpheus aus Thrakien. Nach orphischer Auffassung besteht der Mensch aus Seele und Körper. Die Seele ist von göttlicher Natur und lebt vorübergehend, quasi gefangen, im Körper. Nach dem Tod verlässt sie den Leichnam und begibt sich auf Seelenwanderung. Aus dem Kreislauf von Geburt und Tod kann sie nur erlöst werden, wenn der Mensch ein moralisch korrektes, vegetarisches und asketisches Leben führt. Nach der Erlösung folgt eine ewige Glückseligkeit. Sehr wahrscheinlich floss in die Orphik indisches Gedankengut ein.

Im 5. und 4. Jahrhundert v. Chr. vollzog die griechische Kultur in der Kunst, Literatur und Wissenschaft einen zuvor nie dagewesenen Fortschritt. Philosophen, Naturgelehrte und Ärzte reflektierten und forschten aus verschiedenen Perspektiven über die Seele des Menschen.

Demokrit (460-371 v. Chr.) beantwortete die Frage, was die Seele ist, im Sinne seiner Atomtheorie materialistisch. Für ihn besteht sie aus kugelförmigen Atomen, die sich nicht nur im Zentrum der

---

4   Weiher 2013, S. 299

Seele, sondern auch im gesamten Organismus befinden. Die Seelenatome erzeugen Körperbewegungen sowie Wahrnehmungs- und Denkprozesse. Ein individuelles Weiterleben der Seele nach dem Tod schloss er aus.

Platon, Schüler des Sokrates und Begründer der ersten Philosophenschule, teilte Demokrits materialistische Auffassung von der Seele nicht. Diese ist für ihn göttlichen Ursprungs und vom Körper getrennt, was als Dualismus bezeichnet wird. Er hielt sie für unsterblich und für ein Spiegelbild der Weltseele. Und er glaubte auch an die Seelenwanderung beziehungsweise an die Reinkarnation.

Platon entwarf ein dreigliedriges Modell vom Aufbau der Seele. Demgemäß besteht die Seele aus dem Logos (Vernunft), dem Thymos (Willenskraft, Zielstrebigkeit) und der Epithymia (Begierde). Er verglich sie mit einem durch die Lüfte fahrenden Wagengespann. Die Vernunft, von Platon als „Auge der Seele" bezeichnet, hat die schwierige Aufgabe, das Gespann zu lenken. Schwierig deshalb, weil die beiden ungleichen Pferde Thymos und Epethymia immer wieder in unterschiedliche Richtungen ziehen - Thymos nach oben und Epithymia nach unten.

Aristoteles (384-322 v. Chr.) war ein Schüler Platons und ein universaler antiker Denker. Er gründete 335 v. Chr. eine eigene Philosophenschule, das Lykeion. Eines seiner vielen Werke war die erste Abhandlung der abendländischen Psychologie. Er betitelte sie mit „Peri Psyche" (Über die Seele).

Aristoteles sah in der Seele ein allgemeines Lebensprinzip, das allen Lebewesen innewohnt. Sie ist unmittelbar mit dem Leib verbunden, weshalb man diese Seelenauffassung monistisch nennt. Sie ermöglicht dem Menschen das Denken, Fühlen, Empfinden und Handeln. Der Körper ist ein Werkzeug der Seele. Diese setzt und hält ihn in Gang.

Der Universalgelehrte entwickelte das dreigliedrige Seelenmodell seines Meisters Platon weiter. Die einzelnen, integrativ miteinander verbundenen Teile sind die vegetative Seele, die animalisch-sensitive Seele sowie die für das Denken und Erkennen zuständige rationale Seele. Letztere ist die Führerin im seelischen Geschehen.

Was den Sitz der Seele betrifft, lag Aristoteles allerdings daneben. Er verortete sie im Herz. Dies erstaunt, da die anatomischen Erkenntnisse des berühmten Arztes Hippokrates (460-370 v. Chr.) seinerzeit bekannt waren. Für den Begründer der wissenschaftlichen Medizin war nämlich das Gehirn Sitz der seelischen Funktionen:

Durch das Gehirn denken wir, sehen wir, hören wir, können wir das Hässliche und das Schöne, das Böse und das Gute, das Angenehme und das Unangenehme erkennen. Durch das Gehirn sind wir verrückt, delirieren wir, nehmen sowohl nachts wie nach Tagesanbruch Ängste und Schrecken von uns Besitz, Tagesträume, grundlose Sorgen, das Verkennen der Gegenwart, die Ungewohntheit, die Unerfahrenheit. All dem sind wir durch das Gehirn ausgesetzt, wenn es krank ist, das heißt, wenn es zu warm oder zu kalt, zu feucht oder zu trocken ist, oder wenn es irgendeine widernatürliche Schädigung erfahren hat, die es nicht verkraften kann.[5]

Etwas eigenartig war das Seelenbild der Stoiker. Sie stellten sich die Seele als Oktopus vor, dessen acht Arme vom Herz ausgehend den Körper durchziehen. Fünf Arme symbolisieren die fünf Sinne: Hören, Sehen, Riechen, Schmecken und Tasten. Die drei

---

5   Hinterhuber 2001, S. 36

anderen stehen für die Sprache, das Denken und die Fortpflanzung.

Fundierte Erkenntnisse über den Seelensitz stammen vom griechischen Naturphilosophen Alkmaion von Kroton (570 – 500 v. Chr.), der die experimentelle Hirnforschung begründete. Er führte Sektionen an Tieren durch, um die Funktionen des Gehirns zu erforschen. Eine seiner Schlussfolgerungen lautet:

Das Gehirn ist es, welches die Wahrnehmungen des Hörens, Sehens, Riechens gestattet; daraus aber, wenn sie sich gesetzt haben und zur Ruhe gekommen sind, entstehen Gedächtnis und Vorstellung, aus Gedächtnis und Vorstellung bildet sich das Wissen.[6]

Die griechischen Ärzte Erisistratos (330-250 v. Chr.) und Herophilos (335-280 v. Chr.), die der medizinischen Schule von Alexandria angehörten, bestätigten Alkmaions Forschungsresultate. Ihre Erfahrungsgrundlage waren ebenfalls Sektionen, die sie teilweise am lebendigen menschlichen Leib vornahmen. Außerdem förderten sie neue hirnanatomische Erkenntnisse zu Tage. So beschrieben sie das Kleinhirn, die Hirnhäute und die Hirnventrikel. Und sie erkannten den Unterschied zwischen Sinnesnerven und motorischen Nerven.

Seelische Störungen machten im antiken Griechenland den Menschen oft zu schaffen. Man kannte Krankheiten wie die Manie, Depression (griechisch: melancholia), Paranoia, Phobie, Hysterie und senile Demenz. Immer wieder kam es vor, dass Menschen, die seelisch sehr litten, ihrem Leiden selbst ein Ende setzten. Platon lehnte in seinen frühen Werken den Freitod ab. Später zeigte er Verständnis dafür, vor allem dann, wenn sich der Lebensmüde in einem Zustand *auswegloser Schmach* befand.

---

6   Oeser 2010, S. 19

In weiten Teilen des Volkes dominierte die Vorstellung, dass körperliche und seelische Krankheiten von übernatürlichen Kräften und Mächten verursacht werden. Naturwissenschaftlich denkende Ärzte wie Hippokrates teilten diese Betrachtungsweise nicht. Hauptursache war für sie eine fehlerhafte Mischung von Körpersäften. Als weitere Ursachen wurden benannt: Vernunftlosigkeit, mangelnde Affektkontrolle und moralische Defizite.

Platon war übrigens der Überzeugung, dass viele körperliche Leiden seelisch bedingt sind. Er plädierte für eine ganzheitliche Medizin. Sein Credo lautete: *Willst du den Körper heilen, musst du zuerst die Seele heilen.*[7]

Die Seelenleiden versuchte man zum einen durch Arzneimittel, diätetische Maßnahmen oder durch den hypnotischen Tempelschlaf zu heilen. Darüber hinaus wurde auch die Tröstungskunst angewandt, die auf Antiphon von Athen (ca. 480-411 v. Chr.) zurückgeht. Seine Patienten forderte er auf, ihr körperliches oder seelisches Problem zu schildern. Er hörte ihnen empathisch zu. Dadurch konnten sie sich ihr Leiden von der Seele reden. Auf einem Schild, das er am Hauseingang anbrachte, war zu lesen: *Ich kann Krankheiten durch Worte heilen.*[8]

Wer an die dämonologische Verursachung glaubte, wandte sich an traditionelle Heiler wie Magier, Exorzisten oder Priester.
Eine andere Herangehensweise war die Herstellung des seelischen Gleichgewichts durch die Veränderung der Geisteshaltung. Den wichtigsten Beitrag hierzu lieferte die von Zenon von Kition (333-262 v. Chr.) begründete Weisheitslehre der Stoa, die in den folgenden Jahrhunderten zu einer Lebensphilosophie weiterentwickelt wurde. Ziel eines stoisch geführten Lebens ist, sich von

---

7 https://gutezitate.com/zitat/250749
8 http://www.integrative-oncology.ch/wp-content/uploads/2012/08/2012_schroeder_therapeutische_kommunikation.pdf

der Vernunft lenken zu lassen, Leidenschaften zu beherrschen, gelassen zu bleiben und in Übereinstimmung mit der Natur zu leben.

Ein weiterer Beitrag stammt von Epikur (341-271 v. Chr.), der im gleichen Zeitraum seine Vorstellungen vom persönlichen Seelenheil entwickelte. Dieses kann der Mensch erreichen, wenn er nach Lust strebt. Darunter versteht der Glücksphilosoph aber nicht das Ausleben von Trieben, sondern die Freiheit von körperlichen und seelischen Schmerzen. Echte Lust gewinnt derjenige, der bescheiden die schönen Seiten des Lebens genießt, freundschaftliche Beziehungen pflegt und trotz täglicher Widrigkeiten Unerschütterlichkeit (griechisch: Ataraxia) zeigt.

Rom

Die Seele war auch in der römischen Antike ein zentrales Thema des Philosophierens und Heilens. Die Römer übernahmen vieles von dem, was die Griechen an Gedankengut geschaffen hatten und entwickelten es teilweise weiter. Man kann deshalb von einer gemeinsamen römisch-griechischen Seelenlehre sprechen.

Beim Blick auf die Seelenlehre in der römischen Antike fällt das Augenmerk zunächst auf Plotin (204-270 n. Chr.), der in Rom als Philosophielehrer und Lebensberater wirkte. Einer seiner prominenten Ratsuchenden war Kaiser Gallienus. Plotin integrierte Erkenntnisse Platons in seine Seelenkonzeption und gilt deshalb als Begründer des Neuplatonismus.

Aus plotinscher Sicht ist in der Einzelseele die Weltseele präsent. Sie ist Teil des Ganzen. Sie befindet sich zwischen der sinnlich erkennbaren und der geistigen Welt. Sie ist nicht Gefangener des Körpers, sondern sie umfasst und lenkt ihn. Sie ist geistiger Natur und unsterblich.

Ebenfalls neuplatonisch ausgerichtet war der spätantike christliche Kirchenlehrer und Philosoph Augustinus (354-430 n. Chr.). Die Seele ist für ihn der Mittelpunkt des Individuums. Die Seele wird während der Zeugung durch eine göttliche Erleuchtung in den Menschen eingegeben. Sie ist überall im Körper existent. Wenn der Mensch seinen Körper fühlt, spürt er auch seine Seele. Nach Augustinus` Vorstellung besteht sie aus der anima rationalis (Vernunft), der voluntas (Wille) sowie der anima irrationalis (Triebe). Letztere kann der Mensch mittels der Vernunft kontrollieren.

Augustinus hielt übrigens nichts von der Seelenwanderung. Entweder gelangt der Mensch nach dem Tod und der Auferstehung ins Paradies oder in die ewige Verdammnis.

Augustinus war der erste, der seine geistig-seelische Entwicklung in Form einer schonungslosen Autobiografie analysierte. In den „Confessiones" (Bekenntnisse) erfahren wir Vieles über seine seelisch-moralischen Wirrungen, die er durch eine innere Bekehrung zum Christentum überwinden konnte:

Mit dem besten Willen ermahnte sie (meine Mutter) mich oft, wie ich mich noch erinnern kann, heimlich mit tiefem Grame, dass ich nicht der Wollust verfiele und vor allem nicht die Ehe eines andern entweihte. Aber weibisch erschienen mir solche Ermahnungen, denen ich ohne Erröten nicht zu gehorchen vermochte. Von dir kamen sie und ich wusste es nicht und glaubte, du schwiegest und nur jene (meine Mutter) rede, durch welche zu mir sprachst, und du wurdest in ihr von mir, ihrem Sohne, verachtet, dem Sohne deiner Magd, deinem Knechte. Aber ich wusste es nicht, und mit solcher Blindheit geschlagen eilte ich jählings vorwärts, so dass ich mich vor meinen Altersgenossen schämte, wenn ich minder schändlich gelebt hatte als sie, weil ich sie mit ihren Vergehen prahlen und um so mehr Rühmens davon machen hörte, je schändlicher sie waren: so verführte mich nicht nur die Lust an der Tat, sondern auch die Lust gelobt zu werden. Was ist tadelnswerter als das Laster? Um nicht getadelt zu werden, wurde ich noch lasterhafter, und wo ich es den Verworfenen nicht gleichtun konnte, gab ich vor, die Untat begangen zu haben, damit ich nicht desto verächtlicher erschiene, je unschuldiger ich war, und um nicht für desto geringer zu gelten, je reiner ich war[9]

An Hand seiner „Confessiones" wollte Augustinus auch aufzeigen, dass die Seele nur durch Selbstbeobachtung erschlossen und verändert werden kann. Damit ist die Innenschau auf das eigene Denken, Fühlen und Handeln gemeint.

Seelische Störungen waren ein häufiger Grund für medizinische Konsultationen. Dies geht aus damals verfassten medizinischen Werken und Fallberichten hervor. In Erscheinung traten Hysterie, Phobie, Hypochondrie, Burnout sowie Verfolgungswahn, Manie und Depression. Der Arzt Aretäus (81-138), fand heraus, dass die letzten beiden Erkrankungen im Wechsel auftreten können. Er gilt als Entdecker der bipolaren Störung (manisch-depressive Erkrankung). Zum Spektrum der seelischen Leiden gehörte auch die Suizidalität, gekennzeichnet vom Wunsch, nicht mehr leben zu wollen. Nicht selten folgte daraus der Freitod.

Soranus von Ephesus (98-138), Leibarzt des Kaisers Marc Aurel, teilte die seelischen Krankheiten in drei Kategorien ein: Phrenitis, Melancholie und Manie. Zur Phrenitis zählte er mit Fieber einhergehende Geistesverwirrungen. Die Homosexualität bezeichnete er als eine seelische Abnormität, die entweder durch einen Fortpflanzungsdefekt oder durch eine Neigung zu sexuellen Perversionen verursacht wird.

In der spätrömisch-christlichen Zeit trat ein Seelenleiden auf, das Acedia beziehungsweise Trägheit des Herzens hieß. Weil es bei

---

9   Confessiones, Zweites Buch, Drittes Kapitel

Einsiedlern gehäuft vorkam, wurde es als Mönchskrankheit bezeichnet. Typische Merkmale waren Faulheit, Überdruss und Sinnlosigkeit. Sie wurde auf die Liste der Todsünden gesetzt. Der Mönch und Theologe Euagrios Pontikos (346-399) überlieferte uns folgendes Symptombild:

Die Sonne scheint dem der acedia verfallenen Mönch stillzustehen, der Tag kommt ihm unendlich lang vor. Er wird von dem Dämon getrieben, aus der Behausung zu gehen, die Sonne anzustarren und ihren Stand zu prüfen. Hass gegen seinen Aufenthaltsort, gegen sein Leben und seiner Hände Arbeit überkommen ihn, und er glaubt, dass die Liebe seiner Gefährten nachgelassen habe und es niemanden gebe, der ihn mit seinem Trost zu helfen bereit sei.[10]

Über die Verursachung der Seelenkrankheiten gab es unterschiedliche Vorstellungen. Auf der einen Seite traditionell-religiöse, die psychische Störungen auf Dämonen oder den Zorn der Götter zurückführen; auf der anderen Seite rationale, nach denen Krankheiten auf natürlichen Gegebenheiten beruhen. Gemäß der Humoralpathologie des berühmtem Arztes Galen, der längere Zeit in Rom praktizierte, forschte und lehrte, wurde häufig eine Dyskrasie als Ursache angenommen. Damit ist ein Ungleichgewicht zwischen den vier Körpersäften (Blut, Schleim, gelbe Galle, schwarze Galle) gemeint. Beispielsweise führte man die Manie auf ein Zuviel an gelber Galle zurück, die Melancholie auf ein Zuviel an schwarzer Galle. Der Triebhaftigkeit und Haltlosigkeit schrieb man ebenfalls eine verursachende Rolle zu. Und aus stoischer Sicht werden Seelenleiden durch falschen Lebensstil und irrationale Denkmuster hervorgerufen

---

10 https://www.pharmazeutische-zeitung.de/ausgabe-142007/melancholie-in-der-medizin-und-kulturgeschichte/

Welche Behandlungsmethoden zum Einsatz kamen, um den Seelenkranken von seinem Leid zu befreien, hing von der Überzeugung des Arztes ab. Hatte er ein somatisches Verständnis von seelischen Krankheitsursachen, verordnete er Diät, Heilkräuter, Aderlass, Schröpfen, Ölumschläge am Kopf oder Bäder.

Es wurden auch gezielt ablenkende Aktivitäten wie Lektüre, Spaziergänge, Besuch von Schauspielen oder Umweltwechsel (Reisen) verschrieben, um den Leidenden aus der krankmachenden Selbstzentrierung herauszuführen. Gelegentlich wurden Wahnsinnige in der Hoffnung, dass sie zur Besinnung kommen, in dunklen Räumen isoliert, gefesselt, in heilsamen Schrecken versetzt, in kaltes Wasser untergetaucht oder ausgepeitscht.

Soranus von Ephesus lehnte diese gewaltsamen Methoden ab und forderte eine humane Behandlung seelisch gestörter Menschen. Konkret bedeutete dies, sich in den Patienten einzufühlen und mit ihm heilsame Gespräche zu führen. Von Zwangsmitteln sollte nur in Ausnahmefällen Gebrauch gemacht werden.

Einen alternativen Ansatz der Vorbeugung und Bewältigung seelischer Leiden vertraten philosophische Lebensberater. Er basierte auf der Lebensphilosophie der jüngeren Stoa. Seine prominentesten Vertreter waren in der römischen Antike die Philosophen Seneca (4 v. Chr.-65 n. Chr.) und Epiktet (50-135 n. Chr.) sowie der philosophierende Kaiser Marc Aurel (121-180 n. Chr.).

Der Schlüsselfaktor einer wirksamen Seelenhygiene war für Seneca eine von der Vernunft geleitete Lebensführung. Mit ihrer Hilfe ist es möglich, die Übel der Seele, sprich die Affekte, in den Griff zu bekommen. Damit im Innern eine wirksame Selbststeuerung entsteht, soll man sich jeden Abend einer Selbstprüfung unterziehen. Im Mittelpunkt dieser Bilanzierung stehen folgende Fragen:[11]

Welche deiner Schwächen hast du heute geheilt?
Welchem Fehler hast du Widerstand geleistet?
In welchem Punkt bist du besser geworden?

Dem seelischen Gesundheitskonzept des Stoikers Epiktet lag folgender Leistsatz zu Grunde: *Nicht die Dinge selbst beunruhigen die Menschen, sondern die Meinungen und die Urteile über die Dinge.* Das heißt zum einen, dass die Art und Weise, wie wir denken, unsere Gefühle erzeugt. Zum anderen lässt sich daraus ableiten, dass wir durch die Veränderung schädlicher Denkmuster seelische Störungen vermeiden und beseitigen können.

Marc Aurel wandte die stoische Lehre an, um den kaiserlichen Berufsstress zu bewältigen. Seine lebensphilosophischen Erkenntnisse fasste er in seinem Buch „Selbstbetrachtungen" zusammen. Eine seiner Lebensregeln lautet:

Es gibt für den Menschen keine geräuschlosere und ungestörtere Zufluchtsstätte als seine eigenen Seele. Halte recht oft solche stille Einkehr und erneuere so dich selbst.[12]

Es waren nicht nur Stoiker und Epikureer, die Seelen- und Lebensberatung praktizierten. Auch Ärzte vermittelten im Gespräch mit ihren Patienten und in ihren „therapeutischen" Schriften Erkenntnisse und Ratschläge für die Seelenpflege. Ein Beispiel hierfür ist der Auszug aus Galens Schrift „Seelische Krankheiten: Diagnose und Heilung":

---

11 Hinterhuber 2001, S. 60
12 https://www.aphorismen.de/zitat/98029

Oder glaubst du nicht, dass die Wut eine Krankheit der Seele ist? Denkst du, dass diese fünf – Trauer, Zorn, Wut, Begierde, Angst – grundlos von den Alten als „Leiden der Seele „ bezeichnet wurden? Aber folgendes scheint mir weitaus besser für jemanden, der möglichst ohne die erwähnten Leiden sein möchte: Erstens, wenn man aus dem Bett aufsteht, nachzudenken …, ob es besser ist, als Sklave der Leidenschaften zu leben oder bei jeder Gelegenheit die Vernunft zu gebrauchen. Zweitens, dass derjenige, der ein tugendhafter Mensch werden will, sich jemanden zur Hilfe rufen muss, der ihm alles klarmacht, was er nicht richtig getan hat. Man sollte jeden Tag zu jeder Stunde diese Einsicht zur Hand haben, dass es besser ist, sich für einen tugendhaften Menschen zu halten, dass dies aber ohne die Anwesenheit desjenigen, der uns jeden Fehler aufzeigt, für uns nicht erreichbar ist; … auch, wenn er dich manchmal fälschlich tadelt, hat er dich zu einer genaueren Betrachtung dessen veranlasst, was du tust.[13]*

Seelenweisheiten aus dem Altertum

Seele bin ich, dem Himmelsmeere entstiegen,
Auch der Götter Nektar, Hu-Gott, der das Böse verabscheut.
Wahrheit-Gerechtigkeit folgend streb ich nach Gutem.
Mein heiliger Name, der Name der göttlichen Seele -
Ist rein von Makel.
Ägyptisches Totenbuch

Was hülfe es dem Menschen, wenn er die ganze Welt gewönne und nähme doch Schaden an seiner Seele?
Matthäus, 16, 26

Mäßigkeit macht die Seele stark, Selbstbeherrschung erleuchtet sie.
Pythagoras

---

13 Kornmeier 2017, S. 101

Die Grenzen der Seele wirst du nicht finden, auch wenn du jeden Weg der Erde gingest, so tiefen Sinn birgt sie in sich.
Heraklit

Auge und Ohr sind für die Menschen schlechte Zeugen, wenn sie kein feines Seelenleben haben.
Heraklit

In der Seele finden wir einen vernünftigen Teil, welcher herrschen, und einen sinnlichen, welcher beherrscht werden soll.
Aristoteles

Freude ist die Gesundheit der Seele.
Aristoteles

Für keinen ist es zu früh oder zu spät, für die Gesundheit der Seele zu sorgen.
Epikur

Wie die Seele beschaffen ist, wird die Seele selbst nicht wissen.
Cicero

Das höchste Gut ist die Harmonie der Seele mit sich selbst.
Seneca

Der Mensch: Eine Seele, beschwert mit einem toten Körper.
Epiktet

Werkzeuge der Seele sind die Leiber der Menschen. Wenn die Seele befiehlt, gehorcht der Leib, und sie bedient sich seiner, wozu sie will.
Origines

Traurig ist es, wenn in einem Leben die Seele eher ermüdet, als der Leib ermüdet ist.
Marc Aurel

Die Seele ist eine gewisse vernunftbegabte Substanz, die dazu da ist, den Leib zu beherrschen.
Augustinus

4. Seele im Mittelalter

Der Zeitraum zwischen dem Ende der Antike und dem Beginn der Neuzeit (500-1500 n. Chr.) wird als Mittelalter bezeichnet. Unterschieden wird zwischen dem Frühmittelalter, Hochmittelalter und Spätmittelalter. In dieser historischen Epoche wurden alle Bereiche des abendländischen Lebens durch die christliche Religion geprägt. Der Mythos, dass es sich beim Mittelalter um ein dunkles Zeitalter handelte, ist schon längst widerlegt worden. Die kulturelle und ökonomische Entwicklung blieb während der 1000 Jahre nicht stehen, sondern sie schritt fort. Erkennbar ist dies am Aufblühen der Kunst, des Handels und des Handwerks, der Wissenschaften und der Stadtkultur, insbesondere im Hoch- und Spätmittelalter.

Die christianisierten Menschen des frühen Mittelalters betrachteten die Seele aus der Sicht ihres Glaubens. Die von Gott geschaffene Seele entflieht nach dem Tod dem Körper. Unmittelbar danach findet eine Seelenwägung statt, während der die guten und bösen Taten abgewogen werden. Das Ergebnis entscheidet darüber, ob der Verstorbene direkt in den Himmel kommt, zur Läuterung ins Fegefeuer geschickt wird oder sofort in der Hölle schmachten muss. In vielen mittelalterlichen Kirchen befinden sich Abbildungen, auf denen der Erzengel Michael beim Wiegen zu sehen ist. Am jüngsten Tag, an dem alle Menschen auferstehen, fällt dann der Weltenherrscher Christus das endgültige Urteil darüber, wo für den Einzelnen das Leben seine Fortsetzung findet: im Paradies oder in der ewigen Verdammnis.

Die Vorstellung von der Struktur der Seele war in den ersten mittelalterlichen Jahrhunderten von Augustinus' Seelenlehre geprägt, die auf dem dreiteiligen Seelenmodell Platons fußt. Demgemäß hält die Vernunft idealerweise mit Hilfe des Mutes die Begierden in Schach.

Im islamischen Mittelalter bemühte man sich ebenso um ein Verständnis der Seele. Besonders hervorzuheben sind der persische Arzt und Philosoph Avicenna (arabisch: Ibn Sina, 980-1037) und der in Cordoba geborene Arzt und Philosoph Averroes (arabisch: Ibn Rushd, 1126-1198). Beide hatten das aristotelische Modell von der dreiteiligen Seele adaptiert. Averroes trug wesentlich dazu bei, dass sich dieses in der gelehrten Welt des Hochmittelalters zu verbreiten begann und die platonisch-augustinische Seelenauffassung verdrängte.

Es war der Dominikanermönch Thomas von Aquin (1225-1274), der die Psychologie des Aristoteles wiederbelebte und in sein Seelenkonzept integrierte. Die Seele ist für ihn geistiger Natur. Sie verleiht dem Körper eine bestimmte Form. Zusammen mit diesem bildet sie eine Einheit. Sie verfügt über fünf Vermögen: Lebenskraft (anima vegetativa), Sinneswahrnehmung (anima sensitiva), Strebung/Wille (anima apetitiva), Bewegung (anima motiva) und Verstand (anima rationalis). Das Seelenleben beginnt nach der Zeugung. Nach dem Tod lebt die Verstandesseele weiter, während der übrige Seelenbereich gleichzeitig mit dem Körper stirbt.

Aus thomistischer Sicht ist *die Wissenschaft von der Seele ... die allersicherste, weil jeder in sich selbst erfährt, dass er eine Seele hat, und dass es in ihm seelische Leistungen gibt; aber zu erkennen, was die Seele ist, ist sehr schwierig.*[14]

---

14   Knebel 2005, S. 128

Besondere Beachtung gebührt auch der Seelenvorstellung des Dominikanermönchs Meister Eckhart (1260-1328). Der bekannteste mittelalterliche Mystiker unterschied zwischen einem geschaffenen, leiblichen, vergänglichen Teil der Seele und einem ungeschaffenen und göttlichen Teil. Diesen göttlichen Teil nannte er Seelenfünklein oder Seelengrund. Dort ist Gott in jedem Menschen zugegen. In seiner Predigt „Von der Einheit der Dinge" führt er seine Vorstellung vom Kernbereich der Seele aus:

Da kann ich wahrlich sagen, dieses Licht (Seelenfünklein) hat mehr Einheit mit Gott als mit sonst einer Kraft, mit der es doch im Wesen eins ist. Denn ihr sollt wissen: Dieses Licht ist im Wesen meiner Seele nicht höher im Rang als die niederste oder allergewöhnlichste Kraft, die von Hunger oder Durst, Rost oder Hitze befallen werden kann, und das kommt daher, dass das Wesen einfach ist. Wenn man demnach die Kräfte im Wesen betrachtet, sind sie alle eins und gleich im Rang; aber betrachtet man sie in ihren Werken, dann ist eine viel edler und höher als die andere.

Darum sage ich: Wenn sich der Mensch von sich selbst und von allen geschaffenen Dingen abkehrt, so weit du das tust, so weit wirst du geeint und beseligt in dem Fünklein der Seele, das nie Zeit oder Raum berührt hat. Dieser Funke entzieht sich allen Kreaturen und will nur Gott, wie er an sich selbst ist. Er begnügt sich nicht mit Vater oder Sohn oder heiligem Geist und nicht mit den drei Personen, sofern jede für sich in ihrer Eigenschaft dasteht. Ich sage wahrlich: Eben dieses Licht begnügt sich nicht mit der Eigenhaftigkeit der fruchtbaren Beschaffenheit der göttlichen Natur. Ich will noch mehr sagen, was noch wunderbarer lautet: Ich sage in guter Wahrheit, dieses Licht begnügt sich nicht mit dem einfachen stillstehenden göttlichen Wesen, das weder gibt noch nimmt, sondern es will wissen, woher dieses Wesen kommt, es will in den einfachen Grund, in die stille Wüste, wohin nie etwas Unterschiedenes, weder Vater noch Sohn noch heiliger Geist, gedrungen ist; in dem Innigsten, wo niemand heimisch ist, da begnügt es sich in einem Licht und da ist es einiger als in sich selbst; denn dieser Grund ist eine einfache Stille, die in sich selbst unbeweglich ist, und von dieser Unbeweglichkeit werden bewegt und da empfangen ihr ganzes Leben alle Dinge, die vernünftig leben und sich in sich selbst versenkt haben.[15]

Die reale Seelensituation der mittelalterlichen Menschen stellt sich anders dar als in den Seelenlehren der Gelehrten. Die Daseinsbewältigung war schwierig, obwohl es im durchschnittlich kurzen Leben auch Phasen seelischer Vergnügtheit gab. Dies lag sowohl an den sehr harten äußeren Lebensbedingungen als auch an dem hohen Erwartungsdruck, den die kirchliche Moral erzeugte. Die Menschen liefen ständig Gefahr zu sündigen und somit das Ziel des ewigen Seelenheils zu verfehlen. Sie bewegten sich angsterfüllt zwischen Himmel und Hölle.

Viel Sinnerfüllung fanden sie im mittelalterlichen Leben nicht. Papst Innozenz III (1198-1216) stellte in seinem Buch „Über das Elend menschlichen Daseins" resigniert fest:

Wer gibt meinem Auge den Tränenquell, dass ich beweine den bejammernswerten Eintritt in die Bedingungen menschlichen Daseins, beweine das schuldhafte Fortschreiten menschlichen Lebens, beweine das verdammenswerte Ende.[16]

Die Menschen waren sehr anfällig für seelische Störungen. Diese manifestierten sich in Krankheitsbildern mit unterschiedlichen Schweregraden: Angstneurosen, Hypochondrien, Hysterien, Depressionen und wahnhafte Psychosen. Manche Störungen traten zeitweise epidemisch auf, vor allem die Hysterien. Im 14. und 15. Jahrhundert breitete sich in verschiedenen mittelalterlichen Städten eine Massenhysterie aus, die als Tanzwahn bezeichnet wurde. Die Hysteriker tanzten tagelang, bis sie entkräftet waren oder gar

---

15 http://www.zeno.org/Philosophie/M/Meister+Eckhart/Predigten,+Traktate,
    +Spr%C3%BCche/Predigten/.+Von+der+Einheit+der+Dinge
16 Fuhrmann, 1988, S. 39

starben. Einer dieser Ereignisorte war Straßburg. In einer elsässischen Chronik ist darüber zu lesen:

Viel hundert fingen zu Straßburg an,
zu tanzen und zu springen, Fraw und Mann,
Am offenen Markt, Gassen und Straßen,
Tag und Nacht ihrer viel nicht assen,
Bis ihn' das Wüthen wieder gelag.
St. Veits Tanz ward genannt die Plag.[17]

Sich aufgrund eines Seelenproblems oder einer Seelenkrankheit selbst umzubringen war im Mittelalter seltener der Fall als in der Antike. Dies lag daran, dass der Kirchenvater Augustinus den Suizid einst für verwerflich erklärt hatte. Er berief sich auf das fünfte Gebot: *Denn wenn es nicht erlaubt ist, eigenmächtig einen Menschen, der Schaden zufügen will, zu töten, falls kein Gesetz dazu Befugnis gibt, so ist auch ohne Frage, wer sich selbst umbringt, ein Mörder.*[18]

Augustinus' Auffassung wurde zur kirchlichen Norm, die sich auch die weltliche Obrigkeit zu Eigen machte. Selbstmörder wurden posthum erhängt und durften nicht auf geheiligten Friedhöfen beerdigt werden.

Das Modell von der Entstehung seelischer Krankheiten war im Mittelalter recht dürftig. Es fiel häufig hinter das Erkenntnisniveau der antiken Seelenkundler und Mediziner zurück. Zum einen ging man davon aus, dass der Mensch wegen seiner Sündhaftigkeit nicht nur mit körperlichen, sondern auch mit seelischen Leiden bestraft wird. Zum anderen sah man, vor allem im Falle von besonderen Abnormitäten, den Teufel am Werk. Dieser sorgt

---

17 http://geschichte-in-kurz.blogspot.com/2018/11/die-tanzwut-von-1518.html
18 https://www.faz.net/aktuell/feuilleton/buecher/rezensionen/sachbuch/maertyrer-oder-selbstmoerder-1516867.html

dafür, dass Dämonen von der Seele Besitz ergreifen. Solche dämonologischen Ursachenanalysen finden sich beispielsweise in den Auslassungen der Hildegard von Bingen (1098-1179) über die Melancholiker:

Sie sind grob gebaut und haben zu niemandem rechte Liebe. Mit den Weibern sind sie wie Esel. Lassen sie aber von der Lust, so werden sie leicht wahnsinnig. In ihren Umarmungen wütet ein teuflischer Einfluss, und so erzeugen sie oft teuflische Kinder.[19]

Ein Sonderfall von Besessenheit waren aus theologischer Sicht die Hexen, meistens weiblichen Geschlechts. Die Kirche, die die Definitionsmacht über gesund und krank innehatte, hielt sie für den Glauben bedrohende Schreckgestalten, die mit dem Teufel im Bunde stehen und allerhand Unheil erzeugen. Die päpstliche Bulle „Summis desiderantes affectibus" (1484) und der „Hexenhammer" (1487) des Dominikanermönches Heinrich Kramer legitimierten die brutalen Hexenverfolgungen, die sich seit dem Spätmittelalter ausbreiteten und bis in die Frühneuzeit andauerten. Im Zusammenhang mit dieser Aggressionswelle ist oft vom Hexenwahn die Rede. Wichtig zu wissen ist, dass damit nicht der Wahn der Hexen gemeint ist, sondern der Wahn der Verfolger. Diejenigen, die Menschen zu Hexen erklärten, waren von bizarren, kollektiv geteilten Wahnideen beseelt.

Manche psychopathologischen Erklärungsmodelle waren astrologisch beeinflusst. Deren Anhänger nahmen an, dass der Mond seelische Ausnahmezustände auslöst. Die Betroffenen bezeichnete man als mondsüchtig. Im englischen Sprachraum war lunatic (mondsüchtig) bis in die frühe Neuzeit gleichbedeutend mit geisteskrank. Die Irrenanstalt nannte man lunatic asylum.

---

19 Doucet 1971, S. 45

Seelische Probleme und Krankheiten versuchte man zunächst religiös zu lösen. Erste Ansprechpersonen waren Geistliche. Diese verschrieben glaubenspraktische Heilmittel wie Beten, Fasten, Fürbitten, Beichte oder Buße. Wurde eine dämonisch-teuflische Besessenheit vermutet, führte man exorzistische Rituale durch. Mittels Handauflegen, Beschwörungen und Salbungen sollte der Dämon aus der Seele des Besessenen vertrieben werden.

Wenn religiöse Heilungsversuche wirkungslos waren oder der Weg zur Geistlichkeit gescheut wurde, wurden „Kräuterärzte" konsultiert. Diese verordneten pflanzliche Heilmittel, wie sie in den Werken der Klostermedizin dokumentiert sind. Beispielsweise im Lorscher Arzneibuch, in den Büchern „Causae et curae" und „Physica" der Hildegard von Bingen oder im „Buch der Natur" des Konrad von Megenberg. So bekämpfte man Depressionen mit Aronwurzel-Trank, Johanniskraut, Maroni, Süßholz, Wacholder, Oleander oder Flohsamen.

Zur Klostermedizin gehörte ebenso das Heilen mit Edelsteinen. Hildegard von Bingen schrieb diesen Heilkraft zu und vermittelte in ihrem Buch „Liber de lapidibus" therapeutische Anleitungen. Den Kranken wurden die Heilsteine als Amulette oder in pulverisierter Form verabreicht. Den Magnetit empfahl Hildegard bei Wahnsinn, den Achat bei Mondsüchtigkeit, den Rohdiamant bei Suchterkrankung, den Onyx bei Niedergeschlagenheit oder den Rubin bei Stimmungsschwankungen.

Seelische Hilfe boten auch Wanderheiler, Quacksalber und Zauberer an. Ihre Heilmittel waren Beschwörungsformeln, Zaubersprüche und spezielle exorzistische Rituale. Darüber hinaus verschrieben sie skurrile Heilrezepte wie das folgende:

Nimm die Hoden eines Ziegenbocks, der in einer Dienstagnacht beim ersten Viertel des Mondes getötet worden ist, dazu das Herz eines Hundes; vermische beides mit dem Exkrement eines neugeborenen Kindes, zerreibe es zu Pulver, und nimm dann zweimal täglich die menge, die einer halben Olive entspricht.[20]

Unter den Quacksalbern gab es „Spezialisten", die für seelische Erkrankungen eine makabre Heilung anboten. Sie führten einen Eingriff am Schädel durch, um aus dem Hirn krankmachende Narrensteine zu entfernen.

Zum Abbau seelischer Anspannungen nahm man gerne auch ein Heilbad in den öffentlichen Badehäusern. Arme Menschen, die sich den Eintritt dorthin nicht leisten konnten, suchten die hydrotherapeutische Entspannung in den aus Spenden finanzierten Seelenhäusern, die von Seelenmeistern verwaltet wurden.

Verantwortlich für die Betreuung seelischer Problemfälle war normalerweise die Familie. Sah sich diese bei schwergradigen Erkrankungen überfordert, bot sich die Unterbringung in Domspitälern an, die spezielle Betreuungsbereiche unterhielten. Deren Aufnahmekapazität war jedoch so gering, dass man in Städten und Gemeinden die Wahnkranken in Ketten legte, in Tollkisten einsperrte oder in Tollhäusern und Narrentürmen isolierte. Bisweilen wandte man brutale Methoden an, um die seelisch Schwerkranken von ihrem Wahn zu befreien. Man setzte sie Kälteschocks aus oder traktierte sie mit Folterwerkzeugen.

Obwohl im mittelalterlich-christlichen Abendland die dämonologisch beeinflusste Volksmedizin das Heilwesen dominierte, gab es in größeren Städten, allerdings eher in geringer Zahl, studierte Ärzte. Sie orientierten ihre heilkundige Tätigkeit an der antiken

---

20 Roback 1970, S. 164

Viersäftelehre des Galen und führten seelische Leiden wie die Depression oder Tobsucht auf ein gestörtes Mischungsverhältnis der Körpersäfte zurück. Die Diagnose führten sie mit Verfahren wie Harnschau, Pulsdiagnose und Blutschau durch. Die seelischen Erkrankungen behandelten sie hauptsächlich mit diätetischen Anwendungen und mit speziell zubereiteten Arzneimitteln.

Im mittelalterlich-arabischen Kulturraum befand sich die Seelenheilkunde auf einem höheren Niveau. Ihre Krankheitslehre gründete auf systematischer Beobachtung. Seelische Erkrankungen wurden genauer klassifiziert. Es wurde unterschieden zwischen Depression, Verfolgungswahn, Neurose und Manie. Man vertrat einen therapeutischen Optimismus: *Gott hat keine Krankheit herabgesandt, ohne zugleich die Heilung herabzusenden.*[21] Die Behandlungslehre basierte auf der Rezeption und Weiterentwicklung der antiken Medizin. Sie umfasste ein breites Spektrum an Heiltechniken. Es reichte von der Veränderung der Lebensführung über die Korrektur pathologischer Denkmuster bis hin zur Musik- und Beschäftigungstherapie. Für ambulant nicht therapierbare Patienten wurden in den Metropolen des Nahen Ostens Heilanstalten eingerichtet. So zum Beispiel in Bagdad, Damaskus und Kairo. Einen Einblick gewährt uns der Bericht eines Reisenden, der das Bagdader Hospital besucht hatte:

Ich besuchte dort auch einen Palast, der den Namen „dar al marhama"
trägt, was heißt: Haus der Barmherzigkeit. In diesem halten sich alle
Wahnsinnigen der ganzen Gegend auf, in geschlossenen Abteilungen
oder unter einer Kur. Vereinzelt hatte man sie auch angebunden, bis sie
ihre Besinnung wieder erlangten. Wenn einer einigermaßen geordnet
war, durfte er nach Hause gehen ... Dies hat die Obrigkeit aus Motiven
der Barmherzigkeit und zu Zwecken der Wohltätigkeit errichtet. Sie soll

---

21 Porter 2003, S. 95

allgemein denen zugutekommen, die an Wahnsinn und ähnlichem leiden.[22]

Seelenweisheiten aus dem Mittelalter

Die Schönheit der Seele ist die Tugendund ihre Hässlichkeit das Laster.
Alkuin

Die Tiefe der Menschenseele birgt unergründliche Kräfte, weil Gott selbst in ihr wohnt.
Franz von Assisi

Die Seele ist wie der Wind, der über die Kräuter weht, wie der Tau, der über die Wiesen sich legt, wie die Regenluft, die wachsen macht.
Hildegard von Bingen

Die Seele hat ein vierfaches Flugvermögen: die Sinne, das Erkennen, das Wollen und die Einsicht.
Hildegard von Bingen

Nun merket, wie die Seele zu ihrer höchsten Vollendung kommen kann: Wenn Gott in die Seele getragen wird, dann entspringt in der Seele ein göttlicher Liebesquell, der treibt die Seele wieder in Gott zurück, sodaß der Mensch nichts mehr wirken mag als geistliche Dinge.
Meister Eckhart

---

22 Schott/Tölle 2006, S. 233

Wisse, dass die Seele des Menschen eine Einheit ist.
Moses Maimonides

Keine Seele hat je vollkommenen Frieden, außer jene, die keinerlei Willen mehr hat.
Marguerite Poréte

Der menschlichen Seele Ziel und äußerste Vollendung ist: erkennend und liebend die ganze Ordnung der geschaffenen Dinge zu durchschreiten und vorzudringen zum ersten Urgrund, welcher Gott ist.
Thomas von Aquin

Niemand ist weiser als wer seine Seele immerdar in Händen trägt. Es hat der Mensch keinen kostbareren Schatz als seine Seele. Er muß also wachen und beständig auf der Hut sein, weil dem Heil der Seele nichts gleich kommt.
Thomas von Kempen

Du leidest an einer unheilvollen Seelenkrankheit. Die Modernen nennen sie Schwermut, die Alten hießen sie geistige Trägheit.
Francesco Petrarca

5. Seele in der Frühen Neuzeit

Die Zeitspanne zwischen 1500 bis 1800 wird Frühe Neuzeit genannt. Bedeutsame Ereignisse in der Anfangsphase dieser Epoche waren die Erfindung des Buchdrucks, die Entdeckung Amerikas und der Beginn der Reformation. Zugleich setzten mit der Renaissance und dem Humanismus neue geistige Strömungen ein, während denen die Werte der Antike wiedererweckt wurden und ein kultureller Umbruch stattfand. Das Denken löste sich aus den Zwängen der theologischen Dogmatik und der Mystik. Die Menschen wurden ermutigt, sich ihres Verstandes zu bedienen und neue Denkräume zu betreten. Dadurch wurde auch der Weg bereitet für die Französische Revolution und die aus ihr resultierenden politischen und ökonomischen Umbrüche.

Der geistig-kulturelle Wandel der Frühen Neuzeit beflügelte auch das seelenkundliche Erkenntnisstreben. Das Spektrum der Seelenvorstellungen wurde breiter und vielfältiger. Ein erster bedeutender Beitrag hierzu stammt vom Philosophen, Mathematiker und Naturwissenschaftler René Descartes (1596-1650), der den Rationalismus begründete. Eine philosophische Auffassung, die die Vernunft als wesentlich für den Erkenntnisgewinn betrachtet. Descartes verlieh dem Körper-Seele-Dualismus, der von Platon begründet wurde, eine neue Prägung. Er betrachtete den Körper als unabhängig von der Seele existierende materielle Substanz, die gemäß den Naturgesetzen quasi wie eine Maschine funktioniert. Die Seele, die bedeutungsgleich mit dem Geist ist, ist eine unteilbare, unstoffliche, denkende Substanz. Seiner seelischen Existenz wird der Mensch durch das Denken bewusst. Dies kommt in seinem berühmten Satz „Cogito ergo sum" (Ich denke, also bin ich) zum Ausdruck.

Descartes glaubte, dass es in der Seele sowohl erfahrungsunabhängige, angeborene Vorstellungen (z. B. Gott, Unendlichkeit) als auch erfahrungsabhängige, aus der Wahrnehmung stammende Vorstellungen gibt.

Den Sitz der Seele verortete Descartes in der Epiphyse (Zirbeldrüse). Dieses erbsengroße Gebilde am Dach des Zwischenhirns ist, so seine Überzeugung, das Schaltzentrum, durch das Körper und Seele über die Nervenbahnen und das Blut aufeinander einwirken. Die wechselseitige Beeinflussung geschieht mit Hilfe des Fluidums der Lebensgeister, die durch das Nervensystem strömen.

Es erscheint eigenartig, warum Descartes just die Epiphyse, diese kleine endokrine Drüse, zum Sitz der Seele gemacht hat. Seine Erklärung lautet:

Der Grund, der mich überzeugt, dass die Seele keine andere Stelle im ganzen Körper haben kann als diese Drüse, wo sie unmittelbar ihre Funktion ausüben kann, liegt darin, dass alle anderen Teile unseres Gehirns doppelt vorhanden sind, so wie wir auch zwei Augen, zwei Hände, zwei Ohren haben, und überhaupt alle unsere äußeren Sinnesorgane doppelt vorhanden sind. Damit wir also nur einen einzigen und einfachen Gedanken von der gleichen Sache und zur gleichen Zeit haben, ist es notwendig, dass es eine Stelle gibt, wo die zwei Bilder, die von den beiden Augen kommen oder zwei andere Eindrücke, die von einem einzigen Gegenstand durch die doppelten Organe der anderen Sinne kommen, sich zu einem verbinden können, bevor sie zur Seele gelangen, damit sie dieser nicht zwei anstatt einem Bild darbieten.[23]

Bemerkenswert ist, dass der Rationalist Descartes, der alles in Frage stellte, die Seele für unsterblich hielt. Möglicherweise, weil er Sanktionen der Kirche befürchtete. Ihm war ja bekannt, dass

---

23 https://d-nb.info/105943203X/34

das 5. Laterankonzil am 19.12.1513 das Dogma von der Unsterblichkeit der Seele beschlossen und als Glaubenswahrheit verkündet hatte. Deshalb beteuerte er: *Auf jeden Fall wollte ich aber nichts publizieren, in dem es ein einziges Wort gibt, dem die Kirche nicht zustimmen kann.*[24]

Der niederländische Philosoph Baruch Spinoza (1632-1677), ebenfalls Rationalist, teilte Descartes' dualistische Auffassung von den zwei Substanzen nicht. Für ihn existiert nur die eine unendliche und unteilbare Substanz, nämlich Gott. Dieser ist allerdings kein persönlicher Gott, sondern ein einheitliches Weltganzes. Körper und Seele sind nur deren Erscheinungen. Sie beeinflussen sich nicht wechselseitig. Sie äußern sich gleichzeitig, was als psychophysische Parallelität bezeichnet wird.

Der Universalgelehrte Gottfried Wilhelm Leibniz (1646-1716) ging ebenfalls von einem parallelen Verhältnis von Seele und Körper aus. Er verglich diese mit zwei Uhren, *die vollkommen in derselben Weise reguliert worden sind, wenngleich sie vielleicht von gänzlich verschiedenem Bau sind.*[25] Beide funktionieren, so Leibniz, im Sinne einer Gott vorherbestimmten prästabilisierten Harmonie.

Einen anderen Weg zur Erkenntnis der Seele beschritten die englischen Empiriker. Sie orientierten sich an der Erkenntnismethode von Francis Bacon (1561-1626), der als Begründer des modernen wissenschaftlichen Denkens angesehen wird. Für ihn besteht die Basis des Erkenntnisgewinns aus Sinneserfahrungen. Diese müssen durch sorgfältige Beobachtungen und Experimente nachgeprüft werden. Nur so gelangt man zu sicherem Wissen. Was empirisch nicht begründet ist, kann man allerhöchstens glauben, so auch die Unsterblichkeit der Seele.

---

24 Brief an Mersenne vom November 1633
25 https://archive.org/stream/philosophischewe02leibuoft/philosophischewe 02leibuoft_djvu.txt

Der Philosoph und Staatstheoretiker Thomas Hobbes (1588-1679), der eine Zeitlang bei Francis Bacon als Sekretär beschäftigt war, lehnte spekulatives, metaphysisches Denken über die Seele ab. Geistig-seelische Vorgänge sind aus seiner Sicht nichts anderes als die Bewegung materieller Teilchen im Gehirn. Seine Auffassung lautet: *Von einer Seele gibt es überhaupt keine Idee, sondern wir schließen auf etwas, das dem menschlichen Körper einwohnt und ihm die Lebensbewegung gibt, vermittelst derer er empfindet und sich bewegt; und dies, was es auch sei, nennen wir Seele, ohne eine Idee davon zu haben.*[26] Nach Hobbes funktionieren sowohl die Welt als auch der Mensch nach naturgesetzlichen Prinzipien. Sein Menschen- und Weltbild ist durch und durch mechanistisch.

Ein weiterer wichtiger Vertreter des englischen Empirismus war der Philosoph John Locke (1632-1704), der sich auch mit dem Inneren des Menschen intensiv befasste. Er war der Überzeugung, dass die menschliche Seele bei der Geburt ein unbeschriebenes Blatt ist, das keine angeborenen Vorstellungen aufweist. Erst im Verlauf der Entwicklung gelangen Erfahrungen über die Sinnesorgane in die Seele und füllen die innere Vorstellungswelt. Durch folgenden Satz brachte er diese Erkenntnis auf den Punkt: *Nihil est in intellectu, quod non fuerit in sensu (Nichts ist im Geist, was nicht vorher in den Sinnen war).*[27] Ebenso kam Locke zur Ansicht, dass die Seele keine selbstständige Substanz ist, sondern ein Konglomerat aus Vorstellungen. Diese werden mittels des Verstandes, der *das oberste Vermögen der Seele ist*, zu Erkenntnissen verarbeitet.

Genauso vehement wie Hobbes und Locke lehnte der Philosoph und radikale Empirist David Hume (1711-1776) Descartes' dualistisches Körper-Seele-Modell ab. Die Seele ist für ihn keine Sub-

---

26 Jüttemann u. a. 2005, S. 226
27 Bonin 1983, S. 203

stanz, sondern ein Konstrukt. Sie ist ein Zustand wechselnder Gefühle und Vorstellungen. Letztere sind blasse Abbilder lebendiger Eindrücke, die durch Assoziation miteinander verbunden werde. Für die katholische Kirche war Humes materialistische Denkweise inakzeptabel. Sein Gesamtwerk kam 1761 auf den Index.

Auch der berühmteste Philosoph der Aufklärung, der Königsberger Immanuel Kant (1724-1804), kam zur Erkenntnis, dass die Seele keine Substanz hat. Sie ist ein „Gedankending". Das heißt, sie lässt sich erdenken, aber nicht als objektives Ding erkennen. Sie befindet sich außerhalb unserer Erfahrung. Für ihre Existenz ist kein Vernunftbeweis möglich. Allerhöchstens kann man an sie glauben. Gegenüber Versuchen, die Seele anatomisch und physiologisch zu analysieren, blieb Kant skeptisch.

Neue Vorstellungen von der Seele entwickelten nicht nur aufklärerische Philosophen des 17. und 18. Jahrhunderts, sondern auch Mediziner. Sie waren bestrebt, auf der Grundlage beobachtbarer Tatsachen die Seele neu zu denken. Zu diesen zählt der englische Arzt und Forscher Thomas Willis (1621-1675). Er gilt als Begründer der Hirnanatomie und Neurologie. Seine neuen, erstaunlich genauen Erkenntnisse über die neuronalen Strukturen gründen auf vielen Hirnsektionen bei Menschen und Hunden. Sie sind beschrieben in seinem Werk „Cerebri Anatome". Die höheren geistig-seelischen Funktionen, in seinen Worten die Vernunftseele, siedelte er in den Windungen der Großhirnrinde an. Die Körperseele, zuständig für die vegetativen Funktionen, ordnete er dem Kleinhirn zu. Die Antwort auf die Frage, wo die Seele konkret sitzt, ließ er offen. Um nicht mit dem kirchlichen Dogmatismus zu kollidieren, bezeichnete er die Seele als unsterblich und das Gehirn als *harmonisches und vernetztes System, von Gott erschaffen.*[28]

---

28 https://www.dasgehirn.info/entdecken/meilensteine/thomas-willis-begruender-der-modernen-neurologie

Der italienische Arzt und Naturforscher Giovanni Maria Lancisi (1654-1720) setzte sich zum Ziel, die Seele endgültig zu lokalisieren. Er kam aufgrund gehirnanatomischer Studien zum Schluss, dass sie sich im Corpus callosum (Balken) befindet. Diese quer verlaufende Faserverbindung zwischen den beiden Großhirnhemisphären übermittelt fortwährend Informationen von einer Hirnhälfte in die andere, wodurch die teilweise verschiedenen Gehirnfunktionen koordiniert werden.

Ausgehend von den anatomischen Experimenten des Schweizer Mediziners Albrecht von Haller (1707-1777) und dessen Schülern entstand ein neues Modell von der Seele. Gemäß diesem sind die einzelnen Hirnteile funktionell gleichwertig, weshalb es keinen speziellen Sitz der Seele geben kann. Hallers Schüler Gottfried Zinn (1727-1759) verkündete die Widerlegung der Lokalisationstheorie und stellte fest: *Anima sedem per omne cerebrum esse extensum* (Die Seele dehnt sich über das ganze Gehirn aus).[29] Der Anatom und Physiologe Samuel Thomas von Soemmerring (1755-1830) ließ sich davon nicht beeindrucken. Ende des 18. Jahrhunderts begab er sich nochmals auf die Suche nach dem Seelensitz. In seinem Werk „Über das Organ der Seele" legte er seine Lokalisationstheorie dar. Er verortete die Seele in den Hirnventrikeln. In diesen mit Liquor gefüllten Kammern befindet sich, so seine Vermutung, das Sensorium commune (gemeinschaftlicher Empfindungsort). Dort werden die Sinnesreize in Wahrnehmungen integriert. Auf Bitte von Soemmerring verfasste Kant für das oben genannte Werk ein Nachwort. Er fand die Ausführungen Soemmerrings zwar interessant, bezweifelte aber die Möglichkeit, die Seele konkret zu lokalisieren.

---

29 Oeser 2010, S. 90

Der schwedische Naturforscher und Theosoph Emanuel Swedenborg (1688-1772) war ebenfalls der Auffassung, dass ein besonderer Sitz der Seele nicht existiert. Die Seelenvermögen sind, so seine Erkenntnis, über die graue Substanz des Großhirns verteilt. Obwohl das Neuron als Grundeinheit des Nervensystems noch nicht entdeckt war, ging er davon aus, dass dieses aus kleinen Einheiten besteht, die er cerebelulla nannte.

Die Erforschung der Seele wurde im 18. Jahrhundert immer naturwissenschaftlicher. Der französische Arzt Julien Offray La Mettrie (1709-1751) trieb dies in seiner Abhandlung „L'homme machine" bis zum Äußersten. Er bezeichnete den Menschen als *eine aufgeklärte Maschine, alle seine seelische Fähigkeiten hängen von seinem Gehirn und seinem Körper ab.*[30] Die Seele ist nur ein Ausdruck physikalisch-chemischer Vorgänge im Körper. Als radikaler Materialist bestritt er auch die Existenz Gottes.

Nicht minder materialistisch reflektierte La Mettries Landsmann Pierre-Jean Georges Cabanis (1757-1808) über die Seele. Ihm zufolge ist sie keine Substanz, sondern eine Funktion des Gehirns. Dieses empfängt aus der Wahrnehmung Eindrücke und fertigt daraus Gedanken. Genauso wie der Magen die Verdauung durchführt.

Gegen die rationalistische und materialistische Sicht der Seele regte sich immer mehr Widerspruch. Man störte sich daran, dass die Seele auf Vernunft oder Gehirnvorgänge reduziert wird. Einer der ersten Kritiker dieses Seelenbildes war der Genfer Schriftsteller und Philosoph Jean-Jacques Rousseau (1712-1778). Er wandte sich gegen die Verstandesherrschaft und prägte den Ausspruch: *Gefühl ist mehr als Vernunft.*[31] Seiner Erkenntnis zufolge kann man

---

30 Høystad 2017, 157
31 Deutsche Literaturgeschichte, S. 46

die Seele nur durch das Gefühl erkennen. Diese besteht in der ersten Entwicklungszeit eines Menschen weitgehend aus Gefühl. Die Vernunft ist eine Fähigkeit, die die Seele erst später ausbildet. Für den Querdenker der Aufklärungszeit ist die Seele immateriell. Auf die Frage, ob sie unsterblich ist, antwortete er: *Ich weiß es nicht. Mein begrenzter Verstand begreift nichts Schrankenloses. Alles, was man unendlich nennt, ist mir unbegreiflich.*[32] Rousseau gilt deshalb als wichtiger Wegbereiter der Romantik.

Das Gebiet der Seelenlehre erfuhr im Ausgang der Frühen Neuzeit thematische Erweiterungen. Der Schweizer Theologe und Schriftsteller Johann Kaspar Lavater (1741-1801) ging der Frage nach, wie aus äußeren Merkmalen auf Eigenarten der Seele geschlossen werden kann. Er konzipierte eine spezielle Physiognomik, die darüber Auskunft gibt, welche Mimik und Körperformen mit welchen Charakteren zusammenhängen. Beispielsweise behauptete er: *Wie die Lippen, so der Charakter. Feste Lippen, fester Charakter. Weiche, schnell bewegliche Lippen, weicher, schnell beweglicher Charakter.*[33]

Lavater glaubte, mit seiner Ausdruckslehre die Menschenkenntnis fördern zu helfen. Doch bald meldeten kritische Zeitgenossen wie der Naturforscher Georg Christoph Lichtenberg (1742-1799) Zweifel an. Er hielt mehr davon, einen Menschen mit Hilfe von Träumen zu analysieren. Sie sind ein Spiegel der Seele: *Wenn Leute ihre Träume aufrichtig erzählen wollten, da ließe sich der Charakter eher erraten als aus dem Gesicht.*[34]

---

32 http://www.zeno.org/Philosophie/M/Rousseau,+Jean-
    Jacques/Emil+oder+Ueber+die+Erziehung/Zweiter+Band/Viertes+Buch/darin%3
    A+Glaubensbekenntnis+des+savoyischen+Vikars
33 https://www.zeit.de/1991/52/gruesige-schaedel
34 https://www.aphorismen.de/zitat/14431

Friedrich Schiller (1759-1805) teilte Lichtenbergs Kritik. Lavaters physiognomische Theorie kommentierte er spöttisch-lyrisch:

Wes Geistes Kind im Kopf gesessen,
Könnt er auf jeder Nase lesen:
Und doch – dass er es nicht gewesen,
Den Gott zu diesem Werk erlesen,
Könnt er nicht auf der seinen lesen.[35]

Einen weiteren wichtigen Schritt in Richtung einer vielfältigen Seelenlehre unternahm Karl Philipp Moritz (1756-1793), der als Gymnasiallehrer, Professor für Altertumskunde und Schriftsteller tätig war. Er begründete die erste psychologische Fachzeitschrift „Magazin für Erfahrungsseelenkunde", worin er und Autoren verschiedener beruflicher Provenienz Aufsätze veröffentlichten. Themen-Schwerpunkte waren individuelle seelische Besonderheiten, Seelenkrankheiten und Seelenheilkunde. Moritz legte großen Wert darauf, dass die Inhalte auf Fakten und Fallbeispielen basieren. Mit seinem autobiografisch gefärbten Buch „Anton Reiser", legte er den ersten psychologischen Roman vor. Darin wollte er vor allem deutlich machen, wie verletzlich die Seele des heranwachsenden Menschen ist.

Die Seele der Menschen war in der Frühen Neuzeit genauso anfällig für Störungen und Krankheiten wie der Leib. Die Erscheinungsformen deckten sich weitgehend mit denen, die im Mittelalter auftraten. Man litt an Phobien, Panikstörungen, Wahnvorstellungen und Melancholien. Letztere Störungsform wurde später Depression genannt. Mit der damals sehr häufig auftretenden Melancholie befasste sich der anglikanische Geistliche und Gelehrte Robert Burton (1577-1640) intensiv. Hierzu wurde er motiviert, weil er selbst dieses Seelenleid in sich trug. Er betitelte sein

---

35 https://www.zeit.de/1991/52/gruesige-schaedel/seite-2

Buch, das zunächst unter dem Pseudonym „Demokrit der Jüngere" veröffentlichte, mit „Die Anatomie der Melancholie". Drastisch brachte er darin die Gefühlswelt des Melancholikers zum Ausdruck:

Mein Los, das tausch' ich auf gut Glück
Mit jedem Mistkerl, Galgenstrick,
Wie Höllenfeuer brennt die Qual,
Ich muss heraus, hab' keine Wahl,
Das Leben ist mir hassenswert,
Wer leiht ein Messer, hält das Schwert?
Anderes Leid – Gold gegen die
Verfluchte Last: Melancholie.[36]

Obwohl der Selbstmord aus kirchlicher Sicht weiterhin als sündhaft galt, ließen sich viele lebensmüde Melancholiker davon nicht abhalten, Hand an sich zu legen. Im letzten Drittel des 18. Jahrhunderts begann sich im Kontext der Aufklärung die Einstellung zum Selbstmord zu ändern. Die Forderung nach Straffreiheit für Suizidenten wurde immer lauter.

Die Seele, so der dominante religiöse Erklärungsansatz, nimmt Schaden, weil Gott den Menschen für seine Sünden bestraft: Je schwerer die Sünde, desto gravierender das seelische Leid. Diese Doktrin wurde von der Theologie vertreten und den Gläubigen vermittelt. Und populär waren auch in der Frühen Neuzeit immer noch dämonologische Erklärungsansätze. Das heißt, dass man seelische Störungen mit Dämonenbesessenheit und Verhexung erklärte. Deshalb währte die Hexenverfolgung weiter. Sie ebbte erst ab, als immer mehr Kritik am Hexenglauben und an den Hexenprozessen laut wurde. Besonders einflussreich waren die Schrift „Von den Blendwerken der Dämonen" des Arztes Johann

---

36 https://prezi.com/lhq_f2trdzmn/mein-los-das-tausch039-ich-auf-gut-gluck/

Weyer (1515-1588) und das Werk „Cautio Criminalis" des Jesuiten Friedrich von Spee. Durch den Sieg der Aufklärung fand die dunkle Epoche der Inhumanität ihr Ende

In der Medizin, die während der Renaissance das Gedankengut der antiken Medizin wieder aufnahm, erklärte man seelische Krankheiten noch eine Zeitlang im Sinne von Hippokrates und Galen als ein Ungleichgewicht der Körpersäfte. Doch allmählich begann sich die Lehre von den Ursachen seelischer Krankheiten zu ändern. Eine herausragende Rolle spielten dabei die Erkenntnisse des schottischen Chemikers und Mediziners William Cullen (1710-1790). Seine medizinische Forschungsarbeit war erfahrungs- und naturwissenschaftlich orientiert. Er prägte als erster den Begriff Neurose. Seelische Leiden waren für ihn nichtentzündliche Erkrankungen des Nervensystems oder im Falle von Wahnerkrankungen auch Störungen der Gedankenassoziation.

Cullens Schüler John Brown (1735-1788) sah die Ursache pathologischer seelischer Zustände in einer zu schwachen oder zu starken Erregbarkeit des Nervensystems. Ein Zuwenig an Erregung führt zur Asthenie (Melancholie, Hypochondrie), ein Zuviel zur Sthenie (Manie, Raserei). Dieses Erklärungsmodell nannte man Brownianismus.

Ebenso nahm der französische Irrenarzt Philippe Pinel (1745-1826) Abschied von antiken Erklärungsweisen. Er ging von einer vielfältigen Verursachung seelischer Störungen aus. Diese entstehen, so seine Überzeugung, durch das Zusammenwirken von genetischer Anlage, familiären Erziehungsfehlern und traumatischen Erlebnissen.

Auch in der Frühen Neuzeit boten viele nichtärztliche Heiler bei seelischen Krankheiten ihre Hilfe an. Dazu gehörten Bader, fahrende Heilmittelhändler, Quacksalber und auch Geistliche. Sie wandten jene Therapiemethoden an, die schon im Mittelalter üblich waren. Das Behandlungsspektrum reichte von Kräuterarzneien über Anwendung von Heilsteinen bis hin zu exorzistischen Ritualen. Letztere wurden 1614 von der Katholischen Kirche im offiziellen Liturgiebuch „Rituale Romanum" genau geregelt. Sie durften nur auf bischöfliche Anordnung durch einen bewährten Priester durchgeführt werden. Im 18. Jahrhundert maßte sich der Jesuit Johannes Joseph Gaßner (1727-1779) die Rolle eines Massenexorzisten an und hielt Großveranstaltungen zum Zweck der Teufelsaustreibung ab. Der von der Aufklärung beeinflusste habsburgische Kaiser Joseph II. (1741-1790) betrachtete dies als Scharlatanerie und erteilte Gaßner 1777 ein Auftrittsverbot.

Wer es sich finanziell leisten konnte, nahm die Hilfe von studierten Ärzten in Anspruch. Viele dieser Schulmediziner behandelten immer noch mit Aderlässen, Stuhl- und Magenentleerung. Andere führten Schocktherapien durch - zum Beispiel mit Kälteschocks oder mit dem Drehstuhl. Die Drehstuhlmethode wurde vom niederländischen Mediziner Hermann Boerhaave (1668-1738) eingeführt. Er nahm an, dass durch die Drehbewegungen das gestörte Nervensystem wieder ins Gleichgewicht gelangt.

Große Aufmerksamkeit rief ein Therapieversuch des Pariser Arztes Jean Denis (1640-1704) hervor, der seelische Erkrankungen durch Transfusionen heilen wollte. Er verwendete hierfür Lammblut. Anscheinend gelangen ihm zunächst Symptombesserungen, die jedoch nicht lange anhielten. Nachdem ein Patient im Gefolge der Transfusionsbehandlung verstorben war, wurde das Therapieverfahren verboten.

Im 18. Jahrhundert kam eine Heilmethode auf, die vom deutschen Arzt Franz Anton Mesmer (1733-1815) begründet wurde. Er wandte sie an seinem ersten Wirkungsort Wien bei der Behandlung der Patientin Franziska Oesterlin, die an hysterischen Symptomen litt, erstmals an. Er bestrich sie mit Magneten und stellte ein deutliches Nachlassen der Symptome fest. Aufbauend auf dieser Erfahrung schloss er, dass es ein universales Fluidum, den tierischen Magnetismus, gibt, das jeder Mensch in sich trägt. Gerät dieses Fluidums aus dem Gleichgewicht, entstehen körperliche und seelische Erkrankungen. Indem man sie in Trance versetzt und „magnetisiert", kann die Störung heilbringend beseitigt werden. Mesmers Heilmethode verbreitete sich rasch und erregte großes Aufsehen. Nebenbei sei angemerkt, dass diese nicht ganz neu war, denn sie wurde schon vom Arzt und Alchimisten Paracelsus (1494-1541) praktiziert und propagiert.

Die Schulmediziner blieben skeptisch und warfen Mesmer Scharlatanerie vor. Eine von der Kaiserin Maria Theresia eingesetzte Kommission erklärte seine Theorie für unwissenschaftlich und führte die Erfolge auf Einbildung zurück. Daraufhin verlegte Mesmer seine Praxis nach Paris, wo er bald dieselbe öffentliche Beachtung erfuhr. Auch dort wurde seine Heilmethode von einer königlichen Kommission als fauler Zauber bezeichnet. Mesmer musste fliehen. Er praktizierte den Rest seines Lebens in Deutschland und in der Schweiz.

Mesmers Erfolge beruhten großenteils auf suggestiver und hypnotischer Einflussnahme, die immer in seine Behandlung eingebaut war. Hinzu kam die Heilserwartung der Patienten. Diesen Therapiefaktor hatte schon der Renaissance-Mediziner Gerolamo Cardano (1501-1576) im 16. Jahrhundert erkannt. Seine Erkenntnis lautete: *Der heilt am meisten, an den die meisten glauben.*[37]

Ärzte, die Anhänger des brownschen Körper- und Krankheitskonzept waren, verfolgten bei Nervenleiden zwei Heilstrategien.

---

37 Schmidbauer 2012, S. 175

Bei seelischer Übererregung verordneten sie Ruhe, Aderlass, Kalt-wasser-Anwendungen oder „Bezähmung" auf dem Zwangsstuhl. Bei seelischer Untererregung wiesen sie den Patienten an, sich viel zu bewegen. Und sie verschrieben ihm Stimulantien wie Kamp-fer, Arnica, Chinarinde oder Zimtwasser. Generelles Ziel der brownschen Seelenheilung war es, einen Zustand mittlerer Erre-gung zu erreichen.

Obwohl die moderne Psychotherapie noch weit in der Zukunft lag, erprobte kein geringerer als Johann Wolfgang von Goethe (1749-1832) im Selbstversuch eine Seelenbehandlung, die heutzu-tage eine Therapieoption bei Angststörungen ist und als Konfron-tationstherapie bezeichnet wird. Während seiner Straßburger Stu-dienzeit, die vom April 1770 bis zum August 1771 dauerte, wurde ihm angesichts des Straßburger Münsters seine Höhenangst zu-nächst sehr unangenehm bewusst. Diese Phobie überwand er, in-dem er sich mit der Angst auslösenden Situation systematisch und dosiert konfrontierte. In kurzen zeitlichen Intervallen bestieg er den Münsterturm so oft, bis sich seine Seele daran gewöhnt hatte. Später berichtete er in seinem Werk „Dichtung und Wahr-heit" über sein selbsttherapeutisches Experiment:

Dergleichen Angst und Qual wiederholte ich so oft, bis der Eindruck mir ganz gleichgültig ward, und ich habe nachher bei Bergreisen und geolo-gischen Studien, bei großen Bauten, wo ich mit den Zimmerleuten um die Wette über die freiliegenden Balken und über die Gesimse des Gebäu-des herlief, ja in Rom, wo man eben dergleichen Wagstücke ausüben muss, um bedeutende Kunstwerke näher zu sehen, von jenen Vorübun-gen großen Vorteil gezogen.[38]

Für seelisch Kranke, die nicht ambulant betreut werden konnten, gab es nur wenige externe Unterbringungsmöglichkeiten. Wie im

---

38 Goethe 1818, S. 257

Mittelalter, allerdings im Verlauf der Frühen Neuzeit etwas häufiger, boten sich Bürgerspitäler sowie kirchliche Krankenhäuser als Alternative an.

Trostlos sah die Lage für schwer gestörte Psychotiker aus. Sie wurden in Toll- und Zuchthäusern mit brutaler Gewalt verwahrt. Spezielle Irrenanstalten waren noch eine Seltenheit. Die erste europäische Psychiatrische Klinik war der Wiener Narrenturm, ein fünfgeschossiger Rundbau. Er wurde 1784 unter dem Kaiser Josef II. gebaut. Im Volksmund hieß er „Kaiser Josefs Guglhupf".

Der oben genannte Philippe Pinel wollte die inhumanen Zustände in der Irrenanstalt Bicêtre, deren Leitung er 1793 übernommen hatte, ändern. Deshalb wandte er sich an Georges Couthon (1755-1794), der ein prominenter Führer der französischen Revolution war. Er trug ihm die Forderung vor, psychiatrische Patienten nicht mehr in Ketten zu legen. Als Couthon Bicêtre besuchte, soll er zu Pinel gesagt haben: *Du musst selbst verrückt sein, Bürger, dass du diese Tiere freilassen willst.*[39] Pinel ließ sich davon nicht beeindrucken und setzte sich durch. In Bicêtre wurde auf die Kette als Zwangsmittel fortan verzichtet. Es bedurfte allerdings noch einer längeren Zeit, um Pinels Forderung in ganz Frankreich zu verwirklichen.

Eine umfangreiche Humanisierung des Irrenwesens fand in der Ära Pinel allerdings nicht statt. Statt der Ketten wurden Zwangsjacken eingesetzt. Und man scheute sich nicht, schocktherapeutische Verfahren wie das Eintauchen in kaltes Wasser anzuwenden.

Eine besondere Form der „Irrenversorgung" entstand im 18. Jahrhundert im belgischen Dorf Gheel. Dort befindet sich das Grab

---

39 Doucet 1971, S. 81

der heiligen Dymphna, der Schutzpatronin der Irren und Besessenen. Einer Legende nach wurde sie vom Vater, der ein irischer oder englischer König war, nach dem Tod ihrer Mutter inzestuös bedrängt. Sie erkrankte daran seelisch und floh mit ihrem Beichtvater nach Belgien, wo sie sich in Gheel versteckte. Der Vater begab sich auf die Suche nach ihr, spürte sie auf und enthauptete sie. Später pilgerten seelisch Kranke mit ihren Angehörigen zu ihrem Grab und flehten um Heilung. Denjenigen, die nach neun Tagen keine Genesung erfuhren, boten Einheimische eine Familienpflege an. Sie wohnten mit ihren Betreuern unter einem Dach. Soweit möglich wurden sie in Arbeitsprozesse eingegliedert und erhielten dafür ein Taschengeld. Dieses Betreuungsangebot existiert in Gheel auch heute noch.

Seelenweisheiten aus der Frühen Neuzeit

Wir heißen Seele, was beseelt; mehr wissen wir nicht.
Voltaire

Der Sitz der Seele ist da, wo sich Innenwelt und Außenwelt berühren. Wo sie sich durchdringen, ist er in jedem Punkt der Durchdringung.
Novalis

Seele des Menschen,
Wie gleichst du dem Wasser!
Schicksal des Menschen,
Wie gleichst du dem Wind!
Johann Wolfgang von Goethe

Die Seele ist ein Spiegel des Alls, wie eine Welt für sich, sich selbst genügend, unabhängig von allem anderen Geschaffenen, das Universum ausdrückend.
Gottfried Wilhelm Leibniz

Wer die Seele kennen lernen will, muss den Körper studieren.
Julien Offray de La Mettrie

Gebrechen der Seele sind wie Wunden des Körpers; so sorgfältig man sie auch heilen möchte, Narben bleiben immer, und jeden Augenblick sind sie in Gefahr, wieder aufzubrechen.
François de la Rochefoucauld

Seelenkranker, alle Rosen blühn!
Warum bleibt dein Herz allein verdorrt?
Sonne lockt und tausend Quellen sprühn.
Warum ist bei dir umsonst ihr Mühn?
Feisi

Der kranken Seele geht es genauso wie dem kranken Körper. Sie quält sich, erregt sich und beruhigt sich schließlich. Zu guter Letzt bleibt sie bei den Gedanken und Gefühlen stehen, die sie für ihre Ruhe am nötigsten hat.
Nicolas-Sébastien de Chamfort

Eine gesunde Seele erträgt alles, eine kranke nicht einmal das Glück.
August Pauly

Denn dies haben die Krankheiten der Seele vor den körperlichen voraus, dass keine unheilbar ist, sobald der Patient geheilt sein will.
Christoph Martin Wieland

Für die Krankheiten der Seele gibt es kein wirksameres Mittel als ernsthafte und angestrengte Beschäftigung des Geistes mit anderen Gegenständen.
Voltaire

Jeder Zustand der menschlichen Seele hat irgendeine Parabel in der phy-
sischen Schöpfung, wodurch er bezeichnet wird, und nicht allein Künst-
ler und Dichter, auch selbst die abstraktesten Denker haben aus diesem
reichen Magazine geschöpft.
Friedrich Schiller

6. Seele im 19. Jahrhundert

Während des 19. Jahrhunderts vollzog sich in allen Lebensberei-
chen ein tiefgreifender Wandel. Bahnbrechende technische Erfin-
dungen beendeten die agrarisch-feudale Epoche der Geschichte.
Die industrielle Revolution veränderte nicht nur die materielle,
sondern auch die gesamte gesellschaftliche Kultur. Trotz vieler
nützlicher Fortschritte erzeugte sie vielfältige seelisch-soziale
Probleme. Am stärksten davon betroffen war die Arbeiterschaft.
Sie litt unter den miserablen Arbeitsbedingungen und der Mas-
senarmut. Die Hälfte der Menschen lebte unterhalb des Existenz-
minimums. Traditionelle Versorgungs- und Betreuungsstruktu-
ren lösten sich vielerorts auf.

In den wissenschaftlichen Bildungsstätten ereigneten sich ebenfalls grundlegende Veränderungen. Die Universitäten sahen ihre
Hauptaufgabe nicht mehr darin, Wissen zu vermitteln, sondern
durch Forschung neues Wissen zu erzeugen. Die Zahl der Wis-
sensdisziplinen stieg kontinuierlich an.

Das Unbehagen, das sich schon Ende des 18. Jahrhunderts gegen
die Aufklärung und den Fortschritt zu formieren begann, wurde
in der ersten Hälfte des 19. Jahrhunderts zur geistigen und künst-
lerischen Bewegung der Romantik. Ein neues Lebensgefühl entstand. Die Innerlichkeit und damit die Seele wurden zum zentralen Thema. Ein Beispiel hierfür ist das Gedicht „Mondnacht" von
Joseph Eichendorff (1788-1857), des bedeutendsten Lyrikers und
Schriftstellers der Romantik:

Es war, als hätt der Himmel
die Erde still geküsst,
dass sie im Blütenschimmer
von ihm nun träumen müsst.
Die Luft ging durch die Felder,
die Ähren wogten sacht,
es rauschten leis die Wälder,
so sternklar war die Nacht.
Und meine Seele spannte
weit ihre Flügel aus,
flog durch die stillen Lande,
als flöge sie nach Haus.[40]

Menschen, die sich von romantischen Kulturinhalten anziehen ließen, wollten die Enge ihres Seelenlebens überwinden und aus dem Körpergefängnis ausbrechen. Im Kulturgenuss fanden sie eine Erfüllung ihrer Sehnsucht und ihres Wunsches nach Entgrenzung.

Literarisch ebenso intensiv befasste sich der russische Schriftsteller Fjodor Michailowitsch Dostojewski (1821-1881) mit der Seele. Er war der Begründer des Seelenromans. Am Beispiel der Romanfiguren in seinen Hauptwerken wie „Schuld und Sühne", „Der Idiot", „Die Dämonen" oder „Brüder Karamasow" schilderte er die Komplexität der menschlichen Seele, ihre Widersprüche und Konflikte sowie die Macht des Unbewussten. Besonders hob er die Zerrissenheit der Seele hervor: *Ich habe mich wohl schon tausendmal über diese Fähigkeit des Menschen gewundert, das höchste Ideal neben der niedrigsten Gemeinheit in seiner Seele hegen zu können, und beides mit vollkommener Aufrichtigkeit.*[41]

Bereits zu Dostojewskis Lebzeiten titulierte man ihn als großen Psychologen. Er lehnte diese Auszeichnung mit folgenden Worten ab: *Man nennt mich einen Psychologen: stimmt nicht. Ich bin nur*

---

40 Reiners 1982, S. 332
41 https://www.aphorismen.de/zitat/173131

ein Realist im höheren Sinne: das heißt ich schildere alle Tiefen der menschlichen Seele.[42]

Auch in der Malerei des 19. Jahrhunderts wurde die Seele verstärkt thematisiert. So zum Beispiel in Werken wie Caspar David Friedrichs (1774-1840) „Der Wanderer über dem Nebelmeer", Louis Janmots (1814-1892) „Seelenreise" oder Arnold Böcklins (1827-1901) „Die Toteninsel". In manchen Seelen-Gemälden taucht der Schmetterling, der schon in der Antike als Seelensymbol verwendet wurde, als Sinnbild auf. Markant zum Ausdruck kommt dieses in Wilhelm Tischbeins Gemälde „Schwebende Psyche". Eine mit zwei Schmetterlingsflügeln ausgestattete Frau erscheint als zartes, dahinfliegendes Seelenwesen.

Von der Renaissance metaphysischer Seelenvorstellungen wurden auch manche Gelehrte beeinflusst. Sie nahmen es nicht hin, dass die Seele von Hirnforschern auf physikalisch-chemische Vorgänge reduziert wurde. Zu diesen gehörte der Arzt, Philosoph und Maler Carl Gustav Carus (1789-1869). Er war ein Vertreter der romantischen Medizin, die auf der romantischen Naturphilosophie Friedrich Wilhelm Joseph Schellings (1775-1854) gründete. Für Carus ist der Kosmos ein beseeltes Ganzes. Die Seele des Menschen ist göttlichen Ursprungs und damit unsterblich. Sie entwickelt sich aus dem unbewussten Seelenkeim und differenziert sich aus bis zur Seele des Erwachsenen, der sich seiner selbst und der Existenz Gottes bewusst wird. Sie tritt als Bewusstsein und Unbewusstes in Erscheinung. Das Unbewusste macht einen Großteil der menschlichen Seele aus. Es ist in unserem Gefühlsleben und in Träumen erfahrbar. *Der Schlüssel zur Erkenntnis vom Wesen des Bewusstseins liegt im Unbewussten.*[43] Carus gilt als Vorbote und Wegbereiter der Tiefenpsychologie.

---

42 https://www.welt.de/print/welt_kompakt/print_literatur/article181300544/Schecks-Kanon-Fjodor-Dostojewski-Verbrechen-und-Strafe.html

43 Mackenthun 2013, S. 23

Der dänische Philosoph und Theologe Sören Kierkegaard grenzte sich von Carus ab. Das Unbewusste ist für ihn nicht jenes wirkungsmächtige Seelenprinzip, wie es in dessen romantischer Seelenlehre zum Ausdruck kommt. Er vermisst die Rolle des Geistes:

Der Mensch ist eine Synthese des Seelischen und des Leiblichen. Aber eine Synthese ist undenkbar, wenn die zwei nicht in einem Dritten geeinigt werden. Dieses Dritte ist der Geist.[44]

Der Philosoph Friedrich Nietzsche (1844-1900) attackierte die christliche Vorstellung von der immateriellen Seele. Diese existiert aus seiner materialisch-nihilistischen Sicht nicht. Sie ist lediglich ein Teil des Körpers. Die Seele und auch der Geist gehen aus körperlichen Vorgängen hervor. Ist der Körper tot, endet ihre Existenz.

Die im Körper angelegten Instinkte, Triebe und Leidenschaften drängen immer wieder nach Handlung und setzen die Seele unter Druck - insbesondere der Machttrieb. Die Vernunft taugt nur eingeschränkt zur Steuerung des menschlichen Handelns. Nietzsche ist außerdem der Auffassung, dass viele geistige und seelische Vorgänge sich im Unbewussten vollziehen.

In der Seele sieht Nietzsche zwei Kräfte wirken. Die eine Seelenkraft ist das Dionysische, das nach Schöpfung, Rausch und Entgrenzung drängt. Die andere ist das Apollinische, das für seelische Ordnung und Form sorgt.

Um die Seele zu verstehen, muss man laut Nietzsche deshalb in die Tiefe des Unbewussten hinabsteigen. Dies nicht zu tun, warf er der damaligen Psychologie vor. Später nahm sich die Tiefenpsychologie Nietzsches Kritik zu Herzen und begründete neue Modelle der menschlichen Seele.

---

44 Høystad 2017, S. 238

Trotz Romantik und Nietzsche setzte die naturwissenschaftliche Seelenkunde ihren Erkenntnisweg fort. Der Psychiater und Neurologe Wilhelm Griesinger (1817-1868) verstand unter Seele *die Summe aller Nervenzustände.* [45] Der Physiologe Friedrich Goltz (1834-1902) kam aufgrund seiner Experimente an Fröschen zur Feststellung, dass einzig und allein das Gehirn das Seelenorgan ist. Der deutsch-schweizerische Naturwissenschaftler Carl Vogt (1817-1895) teilte dieselbe Überzeugung. In seinen „Physiologischen Briefen" schrieb er, *dass alle jene Fähigkeiten, die wir unter dem Namen der Seelentätigkeiten begreifen, nur Funktionen der Gehirnsubstanz sind; oder um mich einigermaßen grob hier auszudrücken, dass die Gedanken in demselben Verhältnis zu dem Gehirne stehen wie die Galle zu der Leber oder der Urin zu den Nieren. Eine Seele anzunehmen, die sich des Gehirnes bedient, mit dem sie arbeiten kann, wie es ihr gefällt, ist reiner Unsinn.* [46]

Der schottische Philosoph und Naturwissenschaftler Alexander Bain (1818-1903), der eines der ersten Lehrbücher der Psychologie schrieb, betrachtete die Seelentätigkeit und die parallelen hirnphysiologischen Prozesse als *eine Einheit mit zwei Gesichtern.* [47] Die Seele ist eine aus Gedanken, Emotionen und Verhaltensäußerungen bestehende Ganzheit. Die Quantität an seelischer Energie ist beim einzelnen Menschen den seelischen Funktionsbereichen unterschiedlich zugeteilt. Aufgrund der unterschiedlichen Energieausstattung treten verschiedene Menschentypen in Erscheinung. Bain unterschied demgemäß zwischen Verstandesmenschen, Gefühlsmenschen und Tatmenschen.

William James (1842-1910), Pionier der modernen amerikanischen Psychologie, ging davon aus, dass das Seelische vom Körper nicht separiert ist, sondern mit ihm zusammen eine Einheit bildet. Die

---

45 Brückner 2015, S. 101
46 https://hpd.de/node/2332
47 https://archive.org/stream/GeistUndK246rperSeeleUndLeib/Busse_1903-Leib-Seele_djvu.txt

Gesamtheit aller seelischen Aktivitäten ist ein kontinuierlicher Strom, angefangen von den Sinneseindrücken bis hin zum Selbstbewusstsein.

Bemerkenswert ist, dass James trotz seines empirischen Forschungsansatzes hinter den seelischen Phänomenen eine einheitliche individuelle Seele vermutete. Als Pantheist glaubte er, dass diese mit einer göttlichen All-Seele verbunden ist.

Aus der traditionellen Seelenerforschung begann sich in der zweiten Hälfte des 19. Jahrhunderts die wissenschaftliche Psychologie zu entwickeln. Einer der prominenten Gründungsväter war der Philosoph und Physiologe Wilhelm Wundt (1832-1920). Er eröffnete 1879 das weltweit erste Psychologische Institut in Leipzig. Die Beobachtung und das Experiment waren für ihn die zentralen Methoden zur Gewinnung psychologischer Erkenntnisse. Die bisherige Seelenlehre hielt er für zu spekulativ. Er tat sich mit dem Begriff „Seele" schwer. Der war für ihn zu metaphysisch und mit mystischem Ballast behaftet. Zwar nicht sofort, aber allmählich wurde die Seele durch die Psyche begrifflich verdrängt.

Wundts naturwissenschaftliches Psychologie-Konzept blieb nicht unwidersprochen. Der Philosoph Wilhelm Dilthey (1833-1911) nannte es eine „Psychologie ohne Seele". Er wandte sich gegen die Zergliederung der Seele, denn diese ist eine Ganzheit. Sie lässt sich nicht experimentell erforschen, sondern nur verstehend erfassen. Das Verstehen, so seine geisteswissenschaftliche Grundmaxime, ist der einzige Erfahrungs- und Erkenntnisweg. Berühmt ist diesbezüglich sein Satz: *Die Natur erklären wir, das Seelenleben verstehen wir*.[48]

Die Beschäftigung mit der Seele beziehungsweise mit der Psyche war nicht nur eine theoretische. Die stetige Zunahme der Seelenkrankheiten im Verlauf des 19. Jahrhunderts verlangte neue, pragmatische Schwerpunktsetzungen. Vor allem war die Medizin

---

48 http://www.denkschatz.de/zitate/Wilhelm-Dilthey/Die-Natur-erklaren-wir-das-Seelenleben-verstehen-wir

gefordert, sich verstärkt um die Diagnose und Therapie seelisch erkrankter Menschen zu bemühen. Dies führte zur Entstehung einer eigenständigen medizinischen Disziplin, die der Arzt und Wissenschaftler Johann Reil (1759-1813) als Psychiatrie bezeichnete. Diese Namensgebung fand im Jahre 1808 statt. Drei Jahre später wurde der Arzt Johann Christian Heinroth (1773-1843) auf den weltweit ersten Lehrstuhl für Psychiatrie an der Universität Leipzig berufen. Was die Klassifikation der Seelenstörungen betrifft, empfahl er, zwischen Gemütskrankheiten, Verrücktheit, Willenskrankheiten und Blödsinn zu unterscheiden. Er vertrat eine moralistisch-religiöse Ursachenlehre. Ihr gemäß sind krankhafte seelische Phänomene Ergebnis einer sündhaften, selbst verschuldeten Lebensführung. Vertreter dieser seelenheilkundlichen Denkrichtung wurden als Psychiker bezeichnet.

Dass Heinroth seelische Krankheiten so simpel erklärte, gefiel aufgeklärten, erfahrungswissenschaftlich ausgerichteten Medizinern überhaupt nicht. Wilhelm Griesinger (1817-1868), den Abraham Aaron Roback in seiner „Weltgeschichte der Psychiatrie und Psychologie" als den eigentlich ersten Psychiater bezeichnet, widersprach dem Krankheitskonzept der Psychiker heftig: *Nichts ist unrichtiger, nichts widerspricht den alltäglichen Beobachtungen mehr als jeder Versuch, das Wesen der Geisteskrankheiten auf das Gebiet der Moral zu versetzen.*[49] Griesinger plädierte für eine multikausale Erklärung geistig-seelischer Erkrankungen. Dabei verhehlte er nicht, dass im Ensemble der Krankheitsgenese hirnorganische Vorgänge eine herausragende Rolle spielen, weshalb er den Somatikern zugerechnet wurde. Dennoch, so seine Auffassung, wirken auch lebensgeschichtliche, familiäre und soziale Ursachenfaktoren mit. Griesinger teilte die Krankheiten, die er bei seinen Patienten vorfand, in drei Hauptgruppen ein, wobei er nicht von

---

49 Roback 1970, S. 224

seelischen, sondern von psychischen Krankheiten sprach. Er unterschied zwischen psychischen Depressionszuständen, psychischen Exaltationszuständen und psychischen Schwächezuständen.

Griesinger war es auch, der dazu beitrug, dass der Selbstmord nicht mehr primär religiös-moralisch bewertet wurde und somit eine Entkriminalisierung begann. Er plädierte für eine differenzierte Betrachtungsweise, die der Seelenlage des Suizidenten und seinen Lebensumständen gerecht wurde.

Der Berliner Psychiatrieprofessor Karl Wilhelm Ideler (1795-1860) war der Ansicht, dass seelische Störungen häufig dann entstehen, wenn der Verstand die Kontrolle über die „Gemütstriebe" verliert. Bei extrem starkem Kontrollverlust beherrscht Wahnsinn die Seele. Er beschrieb detailliert die psychische Entstehung dieser extremen seelischen Krankheit:

Eine solche, das Gemüt ganz durchdringende und beherrschende Sehnsucht muss entweder die Phantasie zum Erdichten einer ihr entsprechenden Weltvorstellung bestimmen, um in dieser eine erträumte Befriedigung zu finden (fixer Wahn); oder sie treibt das empörte Gemüt zum wilden Kampf gegen die verhasste Wirklichkeit an (Tobsucht); oder sie erfüllt dasselbe mit tiefster Traurigkeit aus dem Gefühl einer unmöglichen Befriedigung (Melancholie); oder sie zerrüttet endlich die Seelenkräfte durch ein allzu naturwidriges Verhältnis, und bringt dadurch die Verwirrtheit hervor.[50]

Im Spektrum der Erklärungsmodelle tauchte eine Extremposition auf, die sich später der Nationalsozialismus zu Eigen machte. Sie wurde unter anderem vom französischen Psychiater Benedict Au-

---

50 https://www.biapsy.de/index.php/de/9-biographien-a-z/180-ideler-karl-wilhelm

gustin Morel (1809-1873) vertreten. Es handelt sich um die Degenerationstheorie, gemäß der seelische Krankheiten wie zum Beispiel Wahnpsychosen oder Psychopathien die Folge erblicher Entartung sind.

Ein neues, seelendynamisches Modell begann der Wiener Nervenarzt Sigmund Freud (1856-1939) im ausgehenden 19. Jahrhundert zu entwickeln. Am 25. April 1886 eröffnete er in der Wiener Rathausgasse 7 seine Praxis. In den Tageszeitungen und Fachzeitschriften erschien eine Anzeige mit folgendem Text: *Dr. Sigmund Freud, Dozent für Nervenkrankheiten an der Universität, ist von seiner Studienreise nach Paris und Berlin zurückgekehrt und ordiniert Rathausstraße Nr. 7.*[51] Bis dato betrachtete er seelische Krankheiten als somatisch verursacht. Genauso wie der Pariser Neurologie-Professor Jean-Martin Charcot, bei dem er in Paris hospitiert hatte. Diese Vorstellung änderte sich allmählich, als Freud zusammen mit seinem Kollegen und Mentor Josef Breuer (1842-1925) sich intensiver mit der damals weitverbreiteten Hysterie befasste. Grundlage war die Krankheitsgeschichte der von Breuer behandelten Anna O. und eigene Therapie-Erfahrungen mit an Hysterie leidenden Patientinnen.

Freud kam allmählich zum Schluss, dass psychische Störungen durch ins Unbewusste verdrängte Inhalte, insbesondere sexueller Art, hervorgerufen werden. Im Gegensatz zu Freud lehnte Breuer eine zentrale Rolle der Sexualität bei der Verursachung der Neurosen ab, was schließlich zum Bruch der Arbeitsbeziehung führte.

Im Verlauf des 19. Jahrhunderts nahmen die seelischen Probleme deutlich zu. Viele Familien taten sich immer schwerer, seelisch gravierend Erkrankte häuslich zu betreuen. Folglich stieg der Be-

---

51 Meyhöfer 2006, S. 94

darf an auswärtiger Unterbringung. Um diesen zu decken, wurden vom Staat, der sich in der Fürsorgepflicht sah, Heil- und Pflegeanstalten gegründet, die sich von den unmenschlichen Tollhäusern vergangener Jahrhunderte positiv unterscheiden sollten. Somit entstand eine neue gesellschaftliche Institution, deren Ziel es war, Therapierbare zu heilen und nicht Therapierbare zu verwahren. Das Personal bestand aus Ärzten und Hilfskräften. Letztere waren Wärterinnen und Wärter, aber keine Pflegerinnen und Pfleger im heutigen Sinne.

In der Gründungsphase der Anstaltspsychiatrie war die Situation alles andere als positiv. Der oben genannte Psychiatriereformer Reil zeichnete ein drastisches Bild. Für ihn waren die Unterbringungsorte *weder Heilanstalten noch Asyle unheilbarer Irrender, sondern meist Spelunken, in welchen die Gesellschaft absetzt, was ihr lästig fällt.*[52]

Derselben Auffassung war der schottische Psychiater William Alexander Francis Browne (1806-1885). Er nahm den trostlosen Zustand der Irrenasyle nicht resignativ hin, sondern er dachte intensiv über Alternativen nach. Im Jahre 1837 verfasste er das Memorandum „Wie Asyle waren, sind und sein sollten". Es enthält eine konkrete Vision:

Man stelle sich ein geräumiges Gebäude ähnlich dem Palast eines Adeligen vor: luftig, erhaben und elegant, umgeben von ausgedehnten und hügeligen Ländereien und Gärten. Innen ist es mit Galerien, Werkstätten und Musikzimmern ausgestattet. Sonne und Luft werden durch jedes Fenster hereingelassen; der Blick auf Buschwerk, Felder und die Gruppen der Arbeitenden ist weder durch Fensterläden noch durch Gitterstäbe versperrt; alles ist sauber, ruhig und ansprechend. Die Bewohner scheinen allesamt von derselben Freude getrieben, alle sind beschäf-

---

52 Schott/Tölle 2006, S. 270

tigt und freuen sich daran. Das Haus und seine gesamte Umgebung glei-
chen einem geschäftigen Bienenstock ... In dieser Gemeinschaft gibt es
keinen Zwang, keine Ketten, keine Peitschen, keine körperliche Züchti-
gung – einfach weil sich all dies als weniger wirksam erwiesen hat als
Überzeugung, Nachahmung und der Wunsch nach Genugtuung ... So
könnten viele Einrichtungen aussehen, und so würden sie aussehen, wä-
ren die Asyle so geführt, wie es sein sollte.[53]

Ähnlich wie Browne plädierte Reil für neue psychiatrische Einrichtungen im ländlichen Raum mit einem humanen Behand-
lungs- und Pflegekonzept. In den folgenden Jahrzehnten wurde
seine Forderung an einigen Orten umgesetzt. So zum Beispiel in
der Musteranstalt Illenau im badischen Achern. Sie wurde vom
Psychiater Christian Friedrich Wilhelm Roller (1802-1878) im
Geiste der Vorstellungen Reils gegründet und geleitet. Sein Credo
war es, die Patienten aus der Haltung der Nächstenliebe in einer
gemeinschaftlichen Atmosphäre zu helfen. Er bemühte sich auch
darum, das Pflegepersonal adäquat zu schulen.

Rollers Reformkonzept optimal umzusetzen wurde sowohl in der
Illenau als auch in anderen Anstalten immer schwieriger, weil die
Patientenzahlen im Verlauf des 19. Jahrhunderts rapide wuchsen
und die Anstalten heillos überfüllt waren. Wenn dem Seelenkranken durch suggestive Einwirkung, Anleitung zur Selbstdiszipli-
nierung, Arbeitstherapie, Arzneimittel, Heilbäder oder Trinkku-
ren nicht geholfen werden konnte, wurden vielerorts „harte" Mittel angewandt. Hierzu zählten die Fixierung am Bett, der Zwangsstuhl, die Zwangsjacke, der Maulkorb, der Drehstuhl oder Kalt-
wasserschocks.
Obwohl sich in Großbritannien die zwangsfreie Behandlung
(Non-Restraint-System) durchzusetzen begann, blieb die deutsche Anstaltspsychiatrie großenteils eine Zwangsinstitution mit

---

53 Porter 2003, 496

therapiepessimistischen Ärzten und einem überforderten Hilfspersonal. Letzteres beschrieb der Anstaltspastor Wilhelm Bergstrasser (1810-1845) mit resignativen Worten: *Kunst und Wissenschaft des Arztes scheitern an rohen und rücksichtslosen Wärtern, die als Gehilfen des Arztes dessen psychische Behandlung weiterführen sollen.*[54]

Die Kritik an den inhumanen Zuständen wurde in Europa und Nordamerika immer lauter, woraus eine psychiatriekritische Bewegung entstand. Eine ihrer Exponenten war die Amerikanerin Dorothea Lynde Dix (1802-1887), die unermüdlich für eine menschliche Behandlung seelisch Kranker kämpfte. Die Kritik bezog sich nicht nur auf die Behandlungs- und Pflegesituation, sondern auch auf die Einweisungspraxis. Denn es stieg die Zahl widerrechtlich eingesperrter Menschen, die eigentlich seelisch gesund waren.

Außerhalb der Mauern der Anstaltspsychiatrie war das professionelle Behandlungsangebot spärlich. Es gab Ärzte, die von der Hypnose als Heilmittel Gebrauch machten. Sie orientierten sich am Behandlungskonzept der „Schule von Nancy", deren bedeutendste Vertreter die Mediziner Ambrose Auguste Liébeault (1823-1904) und Hippolyte Bernheim (1840-1919) waren. Es bestand darin, Neurotiker durch auf das Unterbewusstsein zielende Suggestionen von ihrem Leid zu befreien.

Sigmund Freud wandte in den ersten Jahren seiner seelenärztlichen Tätigkeit das aus der Schule von Nancy stammende hypnotische Heilverfahren an. Er hatte es während einer Hospitation bei Bernheim erlernt und auch dessen zwei Fachbücher ins Deutsche übersetzt. Im Verlauf der neunziger Jahre wandte sich Freud von der Hypnose ab und entwickelte die psychoanalytische Therapie. Seine Erkenntnis war, dass durch die Bewusstmachung

---

54 https://www.google.com/search?client=firefox-b-d&q=Kunst+und+Wissen-
schaft+des+Arztes+scheitern+an+rohen+und+r%C3%BCcksichtslo-
sen+W%C3%A4rtern%2C+die+als+Gehilfen+des+Arztes+dessen+psychi-
sche+Behandlung+weiterf%C3%BChren+sollen

krankmachender verdrängter innerseelischer Konflikte eine Heilung eintreten kann. Diese werden im Gespräch mit dem auf der Couch liegenden Patienten aufgedeckt und deutend bearbeitet. Aufgrund der neuen Behandlungsweise und einer anders gestalteten Arzt-Patient-Beziehung wurde Freud zum Begründer der modernen Psychotherapie.

Es ist zu fragen, wo jene seelisch geplagten Menschen, für die eine medizinisch-psychiatrische Behandlung nicht in Betracht kam, Hilfe suchten. Wie bisher war es für viele Brauch, im Gebet, in der Beichte oder in der Wallfahrt Heilung zu erhoffen. Diejenigen, die diesen Heilsweg nicht beschreiten wollten, wandten sich an volksmedizinische Heiler, die durch Handauflegen, mesmerisches Magnetisieren oder spirituelle Rituale Seelenheilung betrieben. In dieser „Berufsgruppe" befanden sich nicht wenige Kurpfuscher, die sich am Leid der Hilfesuchenden bereicherten.

Seelenweisheiten aus dem 19. Jahrhundert

Ich habe so viele Leichen seziert und nie eine Seele gefunden.
Rudolf Virchow

Die menschliche Seele ist doch ein wunderbares Wesen, und der Zentralpunkt aller ihrer Geheimnisse ist der Traum.
Friedrich Hebbel

Deine Seele ist eine auserlesene Landschaft.
Paul Verlaine

Die Seele altert nicht wie der Körper.
Ralph Waldo Emerson

Die Idee ist noch nicht Seele und die Seele noch nicht Geist, aber der Geist ist innerhalb der Seele, und die Seele nur innerhalb der Idee, und diese drei sind nur eins bei aller Verschiedenheit, und nur als in einem Einigen seiend, können sie verstanden werden vom Geiste.
Carl Gustav Carus

Die chronischen Krankheiten der Seele entstehen wie die des Leibes, sehr selten nur durch einmalige grobe Vergehen gegen die Vernunft von Leib und Seele, sondern gewöhnlich durch zahllose unbemerkte kleine Nachlässigkeiten.
Friedrich Wilhelm Nietzsche

Er ist so freudenvoll, dass ihm der Stöpsel aus der Seele fliegt.
Wilhelm Busch

Noch immer bleibt auf dem Gebiet der Seelenforschung viel zu tun. Wir haben nur die Oberfläche der Seele berührt, nichts weiter. In einer einzigen Gehirnzelle sind schönere und schrecklichere Dinge bewahrt, als selbst jene sich erträumen ließen.
Oscar Wilde

7. Seele in der Moderne

Die im 19. Jahrhundert anbrechende Moderne erfuhr nach dem Beginn des 20. Jahrhunderts ihren endgültigen Durchbruch. Technische, wirtschaftliche, kulturell-künstlerische und sozialstrukturelle Veränderungen setzten sich im 20. Jahrhundert rasant fort. Vom Wandel erfasst wurden auch die Weltanschauungen und Wertorientierungen der Menschen, ihre privaten und gesellschaftlichen Beziehungen sowie ihr Sinnstreben und Seelenleben. Forciert wurde die Dynamik der Moderne im Ausgang des 20. Jahrhunderts durch die digitale Revolution, die unser Leben immer stärker durchdringt.

Im Verlauf des 20. Jahrhunderts etablierte sich die moderne Psychologie als selbstständige akademische Disziplin und gesellschaftlich anerkannte Profession. Mit einem breiten wissenschaftlichen Instrumentarium erforscht sie seither das Denken, Erleben und Verhalten des Menschen. Dies geschieht vor allem an den Hochschulen. Dort kreiert man nicht nur neue Erkenntnisse, sondern bildet auch angehende Psychologen in Grundlagen-, Methoden- und Anwendungsfächern aus. Diese bringen nach dem Studienabschluss ihr Wissen und ihre Kompetenzen in zahlreiche Berufsfelder ein: Psychotherapie, Erziehung Schule, Wirtschaft, Recht, Verkehr, Medien, Sport etc.

Im Grunde genommen ist der zentrale Erkenntnisgegenstand immer noch die Seele, ihre Struktur und ihre Funktionen. Aber wie wir schon erfahren haben, fand eine „Entseelung" der psychologischen Fachsprache statt. Dennoch machen auch weiterhin Psychologen vom Seelenbegriff Gebrauch. Und zwar vor allem diejenigen, die sich der Tiefenpsychologie zugehörig fühlen. Mit dem Begriff „Tiefenpsychologie" sind psychologische Theorien und Therapiekonzepte gemeint, die dem Einfluss unbewusster

Vorgänge auf das Erleben und Verhalten eine zentrale Rolle bei-messen. Ihr prominentester Vertreter ist Sigmund Freud, aus dessen Feder das weltweit bekannteste Seelenmodell stammt. Nach Freud besteht der seelische Apparat aus drei Instanzen: Es, Ich und Über-Ich. Sie stehen in einem dynamischen Verhältnis zueinander. Ihr Wechselspiel, das zu einem Großteil unbewusst verläuft, bestimmt unser Erleben und Verhalten.

Das Es ist die tiefste Schicht der Psyche. In ihm befinden sich zum einen die menschlichen Grundbedürfnisse. Außerdem enthält es das, was verdrängt worden ist. Ökonomisch betrachtet ist das Es das seelische Energiereservoir.

Im Über-Ich befinden sich die durch die Erziehung vermittelten Moralvorstellungen und Regeln. Ebenso gehört zu dieser Instanz das, wie man sich selbst als ideal vorstellt.

Das Ich ist die Steuerungsinstanz der Person. Sie umfasst sowohl bewusste Funktionen wie das Wahrnehmen, Denken, Erinnern und Planen als auch unbewusste Schutz-Funktionen. Eine zentrale Aufgabe des Ich ist es, zwischen den Bedürfnissen des Es und den Forderungen des Über-Ich zu vermitteln.

Die im Es waltenden, nach Bedürfnisbefriedigung strebenden Kräfte sind die Triebe. *Sie repräsentieren die körperlichen Anforderungen an das Seelenleben.*[55] Ursprünglich ging Freud von zwei Grundtrieben aus, dem Sexualtrieb und dem auf die Selbsterhaltung ausgerichteten Ichtrieb.

Anfang der zwanziger Jahre des 20. Jahrhunderts ersetzte er dieses Modell durch ein neues Konzept der basalen Triebe. Den ei-

---

55 Freud 1970, S. 11

nen nannte er Eros beziehungsweise Sexualtrieb, dessen Hauptabsicht es ist *zu vereinigen und zu binden.*[56] Den anderen bezeichnet er als Thanatos beziehungsweise Todestrieb, dessen oberstes Ziel die Zerstörung ist.

Die Energie des Eros ist die Libido, diejenige des Thanatos die Destrudo. Meist sind die beiden Grundtriebe, so Freuds Annahme, in unterschiedlichen Proportionen miteinander vermischt:

Veränderungen im Mischungsverhältnis der Triebe haben die greifbarsten Folgen. Ein stärkerer Zusatz zur sexuellen Aggression führt vom Liebhaber zum Lustmörder. Eine starke Herabsetzung des aggressiven Faktors macht ihn scheu oder impotent.[57]

Der „Schauplatz" des Seelenlebens ist für Freud, der seine wissenschaftliche Tätigkeit als Neuroanatom begann, das Gehirn. Seelische und hirnphysiologische Vorgänge vollziehen sich dort in gegenseitiger Entsprechung. Eine immaterielle, vom Körper getrennte Seele hielt er für ein mystisches Denkprodukt. Ebenso verwarf er die Vorstellung von einer unsterblichen Seele.

Eine ebenfalls sehr populäre tiefenpsychologische Richtung ist die Analytische Psychologie des Schweizer Psychiaters Carl Gustav Jung (1875-1961), der eine Zeitlang Freuds psychoanalytischer Bewegung angehörte und als dessen Kronprinz galt. Weil Jung Freuds Überbetonung des Sexualtriebes kritisierte, kam es jedoch zum Bruch.
Nach Jungs Lehre besteht die Seele, das Innere der Persönlichkeit, aus drei wesentlichen Komponenten, dem Ich, dem persönlichen Unbewussten und dem kollektiven Unbewussten. Das Ich ist die Mitte des Bewusstseinsfeldes, umhüllt von der Persona (soziale

---

56 Laplanche/Pontalis 1973, S. 480
57 Freud 1970, S. 12

Maske), die für ein sozial angepasstes Verhalten sorgt. Es verfügt über vier Bewusstseinsfunktionen: Denken, Fühlen, Empfinden und Intuieren. Hinter dem Ich befindet sich der Schatten, der die unangenehmen Aspekte des Maskenträgers (ver)birgt. Und über dem Ich befindet sich das Selbst, das alle bewussten und unbewussten Teilbereiche der Seele integriert.

Das persönliche Unbewusste enthält vergessene und verdrängte Inhalte, die schon einmal im Bewusstsein waren. Das kollektive Unbewusste ist ein gemeinsamer seelischer Grund, der bei allen Menschen gleich ist. Es ist, so Jung, *eine gewaltige geistige Erbmasse der Menschheitsentwicklung, wiedergeboren in jeder individuellen Hirnstruktur.*[58] Es wird bestimmt von seelischen Urbildern, den Archetypen. Beispiele sind der Held, der Weise, der Zauberer, die Hexe, die Mutter, der Vater. Die Archetypen äußern sich in Träumen, Mythen, Sagen, Märchen und Wahnideen.

Was die Seele in Bewegung setzt, ist laut Jung die Libido. Im Gegensatz zur freudschen Psychoanalyse ist diese aber nicht primär sexuell geprägt, sondern eine allgemeine seelische Energie.

Ein elementares Lebensziel ist, dass sich der Mensch sich seiner selbst bewusst wird und sich selbst verwirklicht. Dieser Entwicklungsprozess heißt in der Sprache der jungschen Psychologie Individuation.

Jung nahm an, dass dem Seelenleben ein spiritueller Sinn innewohnt, der archetypisch verankert ist. Die Religion, der Jenseitsglaube und religiöse Praktiken, so seine Überzeugung, fördern das seelische Befinden.

Eine weitere bekannte tiefenpsychologische Seelenlehre ist die Individualpsychologie. Sie wurde vom österreichischen Arzt Alfred Adler (1870-1937) entwickelt, der ursprünglich Freuds Kreis angehörte. Wegen gravierender Differenzen verließ er diesen 1911.

---

58 Stuckrad 2019, S. 80

Adler betrachtete den Menschen als körperlich-seelische Ganzheit, die sich nicht in Instanzen aufgliedern lässt. Zentrale Antriebskraft des Seelenlebens ist das Streben, in der Kindheit erfahrene Minderwertigkeitserlebnisse und Minderwertigkeitsgefühle zu überwinden, was Adler als seelische Kompensation bezeichnet. Adlers Grundauffassung lautet: *Die Minderwertigkeitsgefühle beherrschen das Seelenleben und lassen sich leicht aus dem Gefühl der Unvollkommenheit, der Unvollendung und aus dem ununterbrochenen Streben des Menschen und der Menschheit verstehen.*[59] Damit dieses Geltungsstreben nicht im Egoismus endet, gibt es in der Seele eine entgegenwirkende Kraft, das Gemeinschaftsgefühl. In welchem Maße der Mensch diese Disposition entwickelt, hängt von der Erziehung ab. Ein gut ausgeprägtes Gemeinschaftsgefühl bedeutet für Adler, *mit den Augen eines anderen zu sehen, mit den Ohren eines anderen zu hören, mit dem Herzen eines anderen zu fühlen.*[60]

Jenseits der Tiefenpsychologie entstanden Forschungs- und Denkansätze, die nicht auf das Unbewusste fokussiert sind, sondern die Psyche und psychische Vorgänge aus einer jeweils anderen Perspektive betrachten. In entschiedene Gegnerschaft zur Tiefenpsychologie begab sich die Verhaltenspsychologie (engl. Behaviorismus). Ihr Begründer, der amerikanische Psychologe John Broadus Watson (1878-1958), lehnte Begriffe wie Seele, Unbewusstes oder Bewusstsein ab. Er hielt sie für unwissenschaftlich. Für ihn galt nur das äußere beobachtbare Verhalten. Seine wissenschaftliche Grundannahme lautet:

Die Psychologie ist aus der Sicht des Behavioristen ein rein objektiver experimenteller Zweig der Naturwissenschaften. Ihr theoretisches Ziel ist die Voraussage und Kontrolle des Verhaltens. Die Introspektion zählt nicht zu ihren Methoden, noch hängt der wissenschaftliche Wert ihrer Daten davon ab, wie leicht sie sich in den Begriffen des Bewusstseins

---

59 https://psylex.de/psychotherapie/individualpsychologie/
    minderwertigkeitsgefuehle/minderwertigkeitsgefuehle.html
60 https://www.gutzitiert.de/zitat_autor_alfred_adler_thema_
    gemeinschaft_zitat_24899.html

interpretieren lassen. Der Behaviorist erkennt keine Trennlinie zwischen Mensch und Tier, insofern, als er ein einheitliches Verständnis des tierischen Verhaltens anstrebt. Das Verhalten des Menschen ist in all seiner Verfeinerung und Komplexität nur ein Teil dessen, was der Behaviorist untersuchen möchte.[61]

Aus behavioristischer Sicht wird Verhalten gelernt. Hierzu gibt es zwei bedeutsame Lerntheorien. Die Theorie der klassischen Konditionierung stammt vom russischen Physiologen und Neurologen Iwan Petrowitsch Pawlow (1849-1936). Sein Grundexperiment, das zum Nachweis der konditionierten Reaktion führte, begann damit, dass einem Hund vor der Fütterung mehrmals ein Glockenton dargeboten wurde. Nach einiger Zeit reagierte der Hund bereits schon auf den Glockenton mit der Absonderung von Speichel. Das heißt, dass der ursprünglich neutrale Reiz durch die räumliche und zeitliche Nähe zum unkonditionierten Reiz die angeborene Reaktion auslöste. Diesen neuen, erlernten Auslöser nennt man konditionierten Reiz und das, was er auslöst, konditionierte Reaktion. Des Weiteren fand Pawlow heraus, dass die konditionierte Reaktion wieder gelöscht wird, wenn der unkonditionierte Reiz längere Zeit nicht mehr auf den konditionierten folgt. Die von Pawlow erforschten Lernprozesse gibt es nicht nur beim Tier, sondern auch beim Menschen. So können völlig neutrale Reize zum Auslöser physiologischer und affektiver Reaktionen werden, nur weil sie mit dem angeborenen Auslöser assoziiert werden.

Aus den Konditionierungs-Experimenten leiteten Pawlow und der russische Neurologe und Psychiater Wladimir Michailowitsch Bechterew (1857-1927) die Reflexologie ab. Diese besagt, dass alle psychischen Vorgänge letztlich auf ungelernte und gelernte Reiz-Reaktions-Einheiten zurückführbar sind.

---

61 https://de.wikipedia.org/wiki/John_B._Watson

Die Theorie des Verstärkungslernens geht auf Burrhus Frederic Skinner (1904-1990) zurück. Aus seinen Versuchen, die er anfangs wie Pawlow mit Tieren durchführte, zog er den Schluss, dass der Erwerb und die Beibehaltung vieler Verhaltensweisen in starkem Maße von ihren Konsequenzen abhängen. Folgt einem Verhalten eine Belohnung, was Skinner als positive Verstärkung bezeichnete, erhöht sich dessen Auftretenswahrscheinlichkeit. Positiv verstärken kann man durch materielle Belohnungen, durch Lob und Anerkennung sowie durch die Gewährung angenehmer Aktivitäten. Die Darbietung der Verstärker erfolgt in der Aufbauphase eines Verhaltens kontinuierlich. Später hin und wieder, was das Verhalten gegen Löschungen resistent macht. Der Abbau von Negativverhalten geschieht durch den Entzug jener Verstärker, die das unerwünschte Verhalten bisher aufrechterhalten haben.

Skinner war ein radikaler Behaviorist. Der Mensch ist aus seiner Sicht ein „Verhaltensrepertoire", das aus Lernprozessen resultiert. Er ist beliebig veränderbar.

Als eine Alternative zur Psychoanalyse und zur Verhaltenspsychologie bildete sich 1962 eine Sammlungsbewegung, die sich den Namen „Humanistische Psychologie" gab. Sie definiert den Menschen weder als Triebwesen noch als Reflexautomaten, sondern als ein zur Selbstbestimmung fähiges Subjekt. Ihr bedeutendstes Vertreter ist der Psychologe Carl Rogers (1902-1987), der Begründer der Gesprächspsychotherapie. Aus seiner humanistisch-psychologischen Sicht ist der Mensch eine körperliche, seelische und geistige Ganzheit. Ein zentrales Merkmal seines Wesens ist das Streben nach seelischem Wachstum. Ziel dieses Wachstums ist Selbstverwirklichung. Entscheidend ist dabei das Selbstkonzept, das aus dem Real-Selbst und dem Ideal-Selbst besteht. Beide dürfen nicht zu weit voneinander entfernt sein. Ansonsten wird das seelische Wachstum blockiert - beispielsweise im Falle einer unrealistischen Einschätzung der eigenen Fähigkeiten.

Zum weiteren Bereich der Humanistischen Psychologie zählt die Logotherapie des Wiener Psychiaters Viktor Frankl (1905-1997), der eine Zeitlang Schüler des Tiefenpsychologen Alfred Adler war. Für ihn ist das Sinnstreben als ein elementares Ziel seelischen Wachstums. Er begründete dies damit, dass jeder Mensch einen „Willen zum Sinn" besitzt. Zum einen findet man diesen durch Selbsttranszendenz. Und zwar durch die Hingabe an eine Sache, die Liebe zu einer Person und die Verwirklichung von Werten. Darüber hinaus bedeutet innere Sinnerfüllung, immer mal wieder zu sich selbst auf Abstand zu gehen und sich aus der Außenperspektive zu reflektieren.

Ebenso wie die Humanistische Psychologie begab sich die Kognitive Psychologie in Gegenposition zur Tiefenpsychologie und Verhaltenspsychologie. Erstmals vehement vertreten wurde sie vom deutsch-amerikanischen Psychologen Ulric Neisser (1928-2012), dessen Buch „Cognitive Psychology" die kognitive Wende initiierte. Ihr Hauptaugenmerk richtete sich auf das Bewusstsein beziehungsweise auf die geistigen Prozesse. Ob gewollt oder ungewollt war es eine Rückbesinnung auf Descartes' Vorstellung von der Vernunftseele. Aus kognitiv-psychologischer Sicht ist der Geist Zentrum des Seelenlebens. Durch die Verarbeitung von Informationen strukturiert der Mensch seine Erfahrungen und steuert sein Handeln. Es ist kein Zufall, dass diese Lehre zeitgleich mit der Entwicklung des Computers und der Informationstheorie entstand.

Ein weiterer wichtiger Bezugsrahmen für die moderne Seelenwissenschaft ist die Neurowissenschaft. Denn seit über 100 Jahren liefert die Hirnforschung dank zunehmend exakter Methoden Erkenntnisse, die immer mehr Licht in das Dunkel des hochkomplexen Teils unseres Nervensystems bringen. Dies sei an den folgenden Beispielen verdeutlicht.

Der englische Physiologe Charles Sherington (1857-1952) entdeckte die Synapsen, die Kontaktstellen zwischen den Zellen des Nervensystems. Der spanische Mediziner Ramon y Cajal (1852-

1934) fand heraus, wie diese miteinander kommunizieren. Der deutsche Neuroanatom Korbinian Brodmann (1868-1918) erforschte die Zellarchitektur der Großhirnrinde und entwarf einen Atlas der Großhirnareale. Der amerikanische Neurobiologe Roger Sperry (1913-1994) erkannte die unterschiedlichen Funktionsweisen der linken und rechten Gehirnhälfte. Und sein Landsmann Eric Kandel (1929-) ergründete die molekularen Mechanismen der Gedächtnisbildung.

Die Neurowissenschaft erforscht nicht nur die Hirnstruktur und Hirnfunktionen sowie deren Auswirkungen auf das Denken, Erleben und Verhalten, sondern sie sucht auch eine neue Antwort auf eine alte Frage. Und die lautet: Was ist die Seele? Interessant dabei ist, dass Neurowissenschaftler wieder den Seelenbegriff verwenden. Eine ebenso alte Frage, nämlich die nach dem Sitz der Seele, ist geklärt. Der Hirnforscher Gerhard Roth (1942-) resümiert in seinem mit der Neurobiologin Nicole Strüber verfassten Buch „Wie das Gehirn die Seele macht":

Wir sehen also, dass aus neurobiologischer Sicht die Suche nach dem „Sitz" der Seele erfolgreich beendet wurde. Es kann keinen vernünftigen Zweifel daran geben, dass das Gehirn die Seele hervorbringt, und zwar auf ganz unterschiedlichen Ebenen des neuronalen Geschehens, angefangen von den Vorgängen an den Synapsen bis hin zu den Interaktionen des ganzen Gehirns mit Körper und Umwelt.[62]

Im Gehirn ist das limbische System Ort des emotional-seelischen Geschehens. Es besteht aus älteren Gehirnstrukturen, die bei der Wahrnehmung und Auslösung von Gefühlen eine entscheidende Rolle spielen. Die 3-5 mm dicke Großhirnrinde, bisweilen auch als Denkkappe bezeichnet, ist Ort des Bewusstseins und der geistig-seelischen Prozesse. Es ist das höchste Integrationsorgan des Nervensystems.

---

[62] Roth/Strüber 2017, S. 43

Die Frage nach dem Was der Seele wird wissenschaftlich-seriös kaum mehr dahingehend beantwortet, dass sie etwas Körperloses ist, das gemäß religiösen Glaubensvorstellungen unsterblich ist und nach dem Tod weiterlebt. Die Unsterblichkeit lässt sich auch nicht mit Nahtod-Erfahrungen belegen, von denen Menschen berichten, die sich an der Schwelle zwischen Leben und Tod befanden und sich außerhalb ihres Körpers erlebten. Aus neuropsychologischer Perspektive sind solche Phänomene nichts anderes als außergewöhnliche Hirnaktivitäten.

Es gibt jedoch auch keine einheitliche neurowissenschaftliche Antwort. Vielmehr existieren verschiedene Auffassungen, die noch nicht integriert worden sind. Aus monistisch-materialistischer Sicht ist die Seele nicht anderes als eine Begleiterscheinung physikalisch-chemischer Hirnprozesse. Eine andere Richtung, der interaktionistische Dualismus, nimmt an, dass sich Körper und Seele in einem kausalen Wechselwirkungsverhältnis befinden. Nach dem psychophysischen Parallelismus, den schon Leibniz vertrat, verlaufen körperliche und seelische Vorgänge nebeneinander, ohne dass sie ursächlich aufeinander einwirken. Anders sieht dies die Identitätstheorie, für die beide Vorgänge zwei Seiten desselben Prinzips sind.

Immer mehr Anhänger gewinnt die Emergenztheorie. Von Emergenz spricht man, wenn ein System Eigenschaften annimmt, die sich aus dem Zusammenwirken seiner Elemente ergeben. Auf unser Thema bezogen bedeutet dies, dass die Seele eine emergente Eigenschaft des aus Neuronen und Neuronen-Netzen bestehenden Gehirns ist.

Trotz der verschiedenen Vorstellungen dürfte der Konsens darin bestehen, dass die seelisch-geistigen Prozesse von neuronalen Strukturen abhängen. Allerdings impliziert dies zwangsläufig nicht, die Seele als reines Produkt der Gehirnmaterie anzusehen. Auf der oberen emergenten Ebene des psychophysischen Systems besitzt sie ein bestimmtes Maß an Unabhängigkeit. Dort wird sich der Mensch seiner selbst bewusst. Und von dort aus vermag er auf seine geistig-seelischen Funktionen Einfluss zu nehmen.

Obwohl die neurowissenschaftlichen Erkenntnisse immer mehr die Vorstellungen von der Seele beeinflussen, gibt es nach wie vor Menschen, die sich an den Seelenlehren ihrer Religion orientieren und daran festhalten. Für sie ist die Seele substanzlos und lebt nach dem Tod weiter. Darüber hinaus gibt es auch esoterische, außerwissenschaftliche Seelenkonzepte. Ein Beispiel hierfür ist die Anthroposophie Rudolf Steiners (1861-1925). Obwohl dieser seine „Menschenkunde" als geisteswissenschaftlich benennt, handelt es sich um ein sehr subjektiv konstruiertes Gedankengebäude, das eine Menge spekulativ-mystischer Elemente enthält. Aus Steiners Sicht besitzt der Mensch vier Wesensglieder. Das erste Glied ist der physische Leib. Das zweite Glied ist der Ätherleib, auch Lebensleib genannt. Dieser gibt dem Körper seine Lebendigkeit. Das dritte Glied ist der Astralleib beziehungsweise Seelenleib, der den Körper durchseelt. Das vierte Glied ist das Ich, der Wesenskern des Menschen. Nach dem Tod trennen sich die höheren Wesensglieder vom physischen Leib. Einige Zeit später hören der Äther- und Astralleib auf zu existieren. Übrig bleibt schließlich das Ich, das in eine geistige Welt eintritt und der Wiedergeburt zustrebt. Gemäß der anthroposophischen Lehre wird der Mensch im Verlauf der Wiedergeburten oder schon während seines Erdenlebens zu einem seelisch-geistigen Wesen. Dessen erstes Seelenglied ist die Empfindungsseele, der die Sinneswahrnehmung sowie die Triebe und Gefühle angehören. Das zweite Seelenglied ist die Verstandesseele, die dem Denken dient. Das dritte Seelenglied nennt Steiner die Bewusstseinsseele. In ihr erfährt der Mensch seine „eigene Wesenheit".

Auch in der Jetztzeit ist die Seele keineswegs ein robustes Funktionsgebilde. Sie ist grundsätzlich störanfällig und gerät bei nicht wenigen Menschen zumindest phasenweise aus dem Gleichgewicht. Die junge Profession der Psychiatrie setzte sich am Beginn der Moderne zum Ziel, eine wissenschaftlich fundierte Krankheitslehre zu entwickeln. Eine wichtige Aufgabe war dabei die Erstellung einer brauchbaren Systematik der in zahlreichen Erscheinungsformen auftretenden Krankheitsbilder. Dieser nahm sich zuerst der deutsche Psychiater Emil Kraepelin (1856-1926) an, der die kranke Seele intensiv erforschte. Er war derjenige, der die Psychosen genauer differenzierte und sie in zwei Gruppen einteilte. Zum einen in die Dementia praecox, die später vom schweizerischen Psychiater Eugen Bleuler (1857-1939) in Schizophrenie umbenannt wurde; zum anderen in das manisch-depressive Irresein. Er setzte seine Forschungsarbeit fort und schuf ein Einteilungssystem, das aus fünf Hauptgruppen besteht. Zu unterscheiden sind nach Kraepelin: *Psychosen durch äußere körperliche Schädigungen, Psychosen infolge von inneren körperlichen Krankheitsvorgängen* (z.B. Dementia Praecox), *psychogenen Erkrankungen* (z.B. nervöse Erschöpfung), *konstitutionelle Seelenstörungen* (z.B. Hysterie) sowie *angeborene Krankheitszustände* (z.B. Psychopathie).[63]

Der „Psychiatrie-Papst" Kraepelin war der Wegbereiter der modernen psychiatrischen Diagnostik. Die Weltgesundheitsorganisation (WHO) integrierte 1948 seine Krankheitseinteilung in die Internationale Klassifikation der Krankheiten (ICD). Dieses weltweit wichtigste Klassifikationssystem wird immer wieder zeitgemäß revidiert. Dort sind im Kapitel V „Psychische und Verhaltensstörungen" 11 Hauptgruppen[64], denen 120 Störungsbilder zugeordnet sind, aufgeführt und beschrieben:

- F00-F09 Organische, einschließlich symptomatischer psychischer Störungen
- F10-F19 Psychische und Verhaltensstörungen durch psychotrope Substanzen

---

63 https://biapsy.de/index.php/de/9-biographien-a-z/54-kraepelin-emil-wilhelm-georg-magnus
64 https://www.icd-code.de/icd/code/F00-F99.html

- F20-F29 Schizophrenie, schizotype und wahnhafte Störungen
- F30-F39 Affektive Störungen
- F40-F48 Neurotische, Belastungs- und somatoforme Störungen
- F50-F59 Verhaltensauffälligkeiten mit körperlichen Störungen und Faktoren
- F60-F69 Persönlichkeits- und Verhaltensstörungen
- F70-F79 Intelligenzstörung
- F80-F89 Entwicklungsstörungen
- F90-F98 Verhaltens- und emotionale Störungen mit Beginn in der Kindheit und Jugend
- F99 Nicht näher bezeichnete psychische Störungen

Parallel dazu gibt es das Diagnostische und Statistische Manual Psychischer Störungen der American Psychiatric Association (DSM), das bezüglich der Störungsgruppen und der Diagnosekriterien mit der ICD weitgehend übereinstimmt. Die beiden Leitfäden zeigen Symptome auf, die gegeben sein müssen, wenn der Seelenheilkundler eine Diagnose stellen möchte.

Auffallend ist, dass im Verlauf der letzten Jahrzehnte die seelischen Krankheitsbilder kontinuierlich zugenommen haben. Dies hat zur Folge, dass die Grenzziehung zwischen Normalität und Gestörtheit immer enger gezogen wird. Nach dem Erscheinen einer neuen Version von ICD oder DSM werden jedes Mal Gesunde in Kranke verwandelt. Jemand, der vorher schüchtern war, ist jetzt Sozialphobiker. In seinem Buch „Normal" übt der amerikanische Psychiatrieprofessor Allen Frances scharfe Kritik an der fortschreitenden Pathologisierung unserer Seelenzustände: *Wir sind von Natur aus dafür angelegt, bemerkenswert gut zu funktionieren, aber viel zu kompliziert, um immer perfekt zu funktionieren, und wenn*

wir gleich jede kleine Misshelligkeit fälschlich als psychische Störung be-
zeichnen, verlieren wir leicht den Bezug zur Normalität.[65] Andere Kritiker sprechen diesbezüglich von einem Normalitätswahn.

Seelische Leiden sind in der modernen Gesellschaft weit verbreitet. Man spricht inzwischen von einer Volkskrankheit. Knapp 30
% der Erwachsenen sind in Deutschland davon pro Jahr betroffen.
Das sind 18 Millionen Personen. Bezüglich der Krankheitsarten
ist festzustellen, dass Angststörungen am häufigsten, Depressionen am zweithäufigsten und Suchterkrankungen am dritthäufigs-
ten vorkommen. Die direkten Kosten aufgrund seelischer Erkrankungen betragen jährlich circa 45 Milliarden Euro.

Nicht selten erzeugt eine seelische Erkrankung eine Lebensmü-
digkeit, die in eine ernsthafte Selbstmordgefährdung übergeht.
Pro Jahr begehen 10000 Menschen Selbstmord und 100000 einen
Selbstmordversuch. Aus christlicher Sicht ist diese Form der Le-
bensbeendigung immer noch negativ konnotiert. Allerdings ist
dies kein Grund mehr, eine kirchliche Bestattung zu verweigern.
Seit 1983 gilt dies auch im Kirchenrecht der römisch-katholischen
Kirche.

Seelische Krankheiten und Störungen werden nicht so monokau-
sal verursacht wie bakterielle Infektionskrankheiten. Wenn ein
Mensch aus der seelischen Balance gerät, liegt meist ein biopsy-
chosoziales Wechselwirkungsgeschehen vor. Dieses spielt sich im
Kontext von drei Ursachenbereichen ab. Zum biologischen Ursachenbereich gehören zum Beispiel eine genetisch bedingte Ver-
letzlichkeit oder ein Ungleichgewicht der Neurotransmitter im
Gehirn. Im psychologischen Ursachenbereich stößt man bei der
Diagnose häufig auf seelisch schädliche Denkmuster oder auf
eine mangelhafte Belastungsverarbeitung. Der dritte Ursachenbereich besteht aus all dem, was aus der sozialen Umwelt auf den

---

65 Frances 2014, S. 60

Menschen störend einwirkt: schlechtes Familienklima, Partnerschaftsprobleme oder berufliche Schwierigkeiten. Wie die Wechselwirkungen zwischen den drei Ursachenbereichen verlaufen, ist noch lange nicht zufriedenstellend erforscht.

Für viele seelisch Leidende gab es in den ersten Jahrzehnten des 20. Jahrhunderts nur eine Hilfsinstitution, nämlich die Heil- und Pflegeanstalt in staatlicher, privater oder kirchlicher Trägerschaft. Diese Anstaltspsychiatrie unterschied sich vielerorts kaum von der des 19. Jahrhunderts. Die Anstalten waren überfüllt, die Arzt-Patient-Beziehung paternalistisch, die Therapieeinstellung des Personals negativ und die Qualifikation des Pflegepersonals immer noch mangelhaft.

Einige Fortschritte waren in den zwanziger Jahren im Bereich der ambulanten Versorgung sichtbar. Die Anzahl der privaten Psychiatrie- und Psychotherapiepraxen stieg allmählich. In manchen Gesundheitsämtern wurden psychiatrische Sprechstunden angeboten und in einigen Regionen wurde psychiatrische Familienpflege angeboten. Und für auffällige Kinder und Jugendliche wurden die ersten Erziehungsberatungsstellen eingerichtet.

Einen barbarischen Rückfall erlitt die Seelenheilkunde während der nationalsozialistischen Diktatur. Bereits 1933 erließ der NS-Staat das „Gesetz zur Verhütung erbkranken Nachwuchses". Dies bedeutete, dass seelisch Schwerkranke und geistig Behinderte zwangssterilisiert werden konnten. Ein paar Jahre später gipfelte die Barbarei in der Euthanasie. Dieselbe Personengruppe wurde für lebensunwert erklärt. Etwa 150 000 Menschen wurden in speziellen Tötungsanstalten ermordet. Die Euthanasie-Aktion geschah unter der Mitwirkung von Psychiatern und Kinderärzten.

Nach dem Zweiten Weltkrieg existierte die traditionelle auf Großkrankenhäuser ausgerichtete traditionelle Anstaltspsychiatrie weiter. Die psychiatrische Behandlung ließ nach wie vor zu wünschen übrig. Sie bestand großenteils aus der Verabreichung von Psychopharmaka, Elektrokrampfbehandlung, Insulinschocktherapie und Psychochirurgie. Die Unzufriedenheit führte dazu, dass in den 1960er Jahren der Ruf nach einer Psychiatriereform immer lauter wurde. Im deutschen Bundestag wurde deshalb 1971 eine Expertenkommission eingesetzt, deren Aufgabe es war, eine Ist-Analyse der psychiatrischen Versorgung durchzuführen und darauf aufbauend ein Reformkonzept zu erarbeiten. 1975 wurde schließlich ein Enquete-Bericht vorgelegt. Wichtige Reformziele waren eine gemeindenahe Versorgung, Kooperation aller psychosozialen Versorgungsdienste, Auf- und Ausbau der ambulanten Dienste, Einrichtung psychiatrischer Abteilungen an Allgemeinkrankenhäusern sowie die Gleichstellung von somatisch und seelisch Kranken.

Seit dem Beginn des Reformprozesses wurde in der Versorgung seelisch Kranker und im Bereich der psychosozialen Prävention vieles verändert und effektiv verbessert. 14000 Fachärzte für Psychiatrie und Psychotherapie sowie 44000 Psychologische Psychotherapeuten und Kinder- und Jugendlichentherapeuten bieten momentan ihre Hilfe an. Für seelisch akut Erkrankte stehen 407 Fachkliniken beziehungsweise Fachabteilungen zur Verfügung, in denen jährlich 800000 stationäre Behandlungen durchgeführt werden. Hinzu kommen 15410 tages- und nachtklinische Behandlungsplätze, in denen jährlich 150000 Patienten betreut werden. Aufgrund epidemiologischer Studien ist wichtig zu wissen, dass nur etwa die Hälfte der seelisch leidenden Menschen professionelle Hilfe in Anspruch nimmt.

Obwohl das Behandlungs- und Beratungsangebot in den letzten Jahrzehnten deutlich zugenommen hat, ist die Häufigkeit seelischer Erkrankungen und Probleme unverändert geblieben. Hierzu tragen besonders bei: eine zunehmende Vereinzelung und

Selbstbezogenheit, steigender Berufs- und Lebensstress sowie mangelnde Sinnerfüllung.

Es bedarf einer professionellen, wissenschaftlich begründeten und nachgewiesenermaßen wirksamen Psychotherapie, um seelische Krankheiten und Probleme zu bessern und zu heilen. Zur Psychotherapie zählen Heilverfahren, die mit geistig-seelischen Mitteln durchgeführt werden – ambulant oder stationär, einzeln oder in einer Gruppe, kurzzeitig oder langzeitig. Es gibt viele Psychotherapiearten, die sich hinsichtlich des Therapiekonzepts, der therapeutischen Techniken und der Grundhaltung des Therapeuten unterscheiden. Freud hatte kurz vor dem Beginn des 20. Jahrhunderts die Wurzeln der modernen Psychotherapie gelegt. Die von ihm konzipierte psychoanalytische Therapie ist die erste moderne Seelenheilkunst. Sie *leistet*, so Freud, *nichts anderes als die Aufdeckung des Unbewussten im Seelenleben.*[66] Ihr Ziel ist es, Verdrängtes zu erinnern, dessen seelisch störenden Einfluss zu erkennen und zu überwinden. Hierzu verwendet der Therapeut bestimmte Techniken. Die wichtigste ist die freie Assoziation, womit gemeint ist, dass der Patient das ausspricht, was ihm momentan durch den Kopf geht. Eine weitere ist die Deutung von Träumen und Fehlleistungen. Weil sich der Patient bisweilen dagegen sträubt, Innerseelisches zu offenbaren, muss dieser Widerstand gezielt bearbeitet werden. Ebenso wichtig ist die Analyse der Übertragung. Eine solche liegt vor, wenn der Patient aus der Kindheit und Jugendzeit stammende schwierige Beziehungsmuster auf den Therapeuten überträgt. Durch die Bewusstmachung von Übertragungsvorgängen öffnet sich der Lernweg für eine reifere Beziehungsgestaltung.

Schon zu Lebzeiten Freuds entstanden tiefenpsychologisch orientierte Therapierichtungen, die sich von ihm in stärkerem Maße

---

66 Thomä/Kächele 2006, S. 17

unterschieden. Sein ehemaliger Schüler Carl Gustav Jung entwickelte ein eigenes, auf seiner Analytischen Psychologie basierendes Therapieverfahren. Dessen zentrales Ziel ist es, der blockierten Individuation auf den Weg zu helfen. Dabei ist der Therapeut ein Unterstützer, der durch Traumarbeit und Imagination dem Patienten die Einsicht in die unbewussten Vorgänge seelischer Blockaden ermöglicht, ihn zum adäquaten Umgang mit seinem Unbewussten anleitet und somit neue Wege zur persönlichen Weiterentwicklung eröffnet. Wichtig ist auch, dass der Therapeut zusammen mit dem Patienten die Sinnhaftigkeit der seelischen Erkrankung erkennt und die Störung als Chance begreift. In den Worten Jungs heißt dies:

Man sollte nicht suchen, wie man die Neurose erledigen kann, sondern man soll in Erfahrung bringen, was sie meint, was sie lehrt und was ihr Sinn und Zweck ist. Ja, man sollte lernen, ihr dankbar zu werden, sonst hat man sie verpasst und damit die Möglichkeit verloren, mit dem, was man wirklich ist, bekannt zu werden. Eine Neurose ist dann wirklich „erledigt", wenn sie das falsch eingestellte Ich erledigt hat. Nicht sie wird geheilt, sondern sie heilt uns. Der Mensch ist krank, die Krankheit aber ist der Versuch der Natur, ihn zu heilen.[67]

Auch der Freud-Schüler Alfred Adler schuf eine neue Therapierichtung, die er aus seiner Tiefenpsychologie ableitete. Grundvoraussetzung des adlerschen Behandlungsverfahrens ist eine vertrauensvolle und partnerschaftliche Beziehung zum Patienten. Der Therapeut möchte die aktuelle Problemsituation aus dessen Lebensgeschichte verstehen. Gegenstand dieser Erhellungsarbeit sind die Kindheitserinnerungen, die Familienkonstellation sowie der Lebensstil. Die Therapie zielt ab auf die Korrektur des Lebensstils, die Überwindung von Minderwertigkeitsgefühlen und den Aufbau eines gesunden Selbstbewusstseins. Auf dem Weg zur

---

[67] Ribi 2011, S. 496

Zielerreichung versteht sich der Therapeut im Sinne Adlers als Helfer zur Selbsthilfe.

Eine Alternative zu den zeitlich aufwändigen tiefenpsychologischen Heilverfahren ist die Verhaltenstherapie. Die Verhaltenstherapie ist eine gezielte Vorgehensweise zur Änderung menschlichen Denkens, Erlebens und Verhaltens. Bei der Erklärung und bei der Änderungsarbeit stützt sich die Verhaltenstherapie auf die Erkenntnisse der experimentellen Psychologie, speziell der Lernpsychologie. Ihre Grundannahme lautet: Seelischen Krankheiten und Problemen liegen unangemessene Denk- und Verhaltensmuster zugrunde, die erlernt wurden und wieder verlernt werden können. Am Therapiebeginn steht eine Problemanalyse, die kooperativ durchgeführt wird. Darauf aufbauend werden Änderungsziele und Änderungsmaßnahmen bestimmt, die sich der Patient aktiv-übend aneignet und in den Alltag umsetzt. Während des Änderungsprozesses wird er vom Therapeuten begleitet, der ihn motivierend, informierend und korrigierend unterstützt.

Einen besonderen Ansatz verfolgt Rogers' Gesprächspsychotherapie, die hier stellvertretend für die humanistischen Psychotherapien erwähnt wird. Der Mensch als Ganzes in seiner gegenwärtigen Lebenssituation steht in ihrem Mittelpunkt. Ihn von seinen Ängsten und seelischen Blockierungen zu befreien ist ein wesentliches ihrer Ziele. Eine wichtige Rolle im therapeutischen Geschehen spielt die Grundhaltung des Therapeuten. Er achtet den Patienten ungeachtet seiner Probleme als Mensch. Er begegnet ihm mit grundsätzlichem Respekt, was nicht heißt, dass er dessen Denken, Fühlen und Verhalten im Einzelnen gutheißen muss. Und er versetzt sich empathisch in die Gedanken- und Gefühlswelt des Patienten. Dabei bemüht er sich um Echtheit und Offenheit. Aus dieser Haltung heraus hilft der Therapeut dem Leidenden, sich Probleme von der Seele zu reden, sich besser zu verstehen, sein seelisches Gleichgewicht zu finden und sich selbst zu verwirklichen.

Eine ebenfalls häufig angewandte, zeitlich sparsame Therapieform ist die Systemische Therapie. Sie ist nicht auf einen Patienten allein ausgerichtet. In die Behandlung bezieht sie auch Mitglieder seines sozialen Systems (z. B. Familie) mit ein. Denn laut dem systemischen Ansatz ist das seelische Leiden des Problemträgers nicht so sehr von seinen persönlichen Eigenschaften verursacht, sondern vielmehr von gestörten Kommunikations- und Beziehungsmustern. Diese werden durch spezielle Methoden diagnostiziert, beispielsweise durch die Darstellung der Familienbeziehungen in Form eines Standbilds. Im weiteren Behandlungsverlauf werden zusammen mit dem Patienten und seinen Bezugspersonen Lösungen erarbeitet, die auf eine Veränderung der Kommunikation und des Miteinanders abzielen.

Seelische Probleme und Anspannungen können auch mit Hilfe von Entspannungsverfahren angegangen werden. Entweder werden sie innerhalb einer psychotherapeutischen Behandlung ergänzend angewandt oder eigenständig unter fachlicher Anleitung. Entspannungsverfahren sind übende Verfahren. Häufig angewandt werden das Autogene Training, die Progressive Muskelanspannung und Meditation. Wer sich systematisch entspannt, kann körperlich und seelisch zur Ruhe kommen.

Psychotherapie hat immer den Anspruch, seelisches Leiden zu heilen. Zu fragen ist, ob ihre Therapieergebnisse diesem wirklich gerecht werden. Antworten darauf gibt die Psychotherapieforschung. Seit Jahrzehnten prüft sie in kontrollierten Studien die Wirksamkeit der Seelenbehandlung. Aus den Zusammenfassungen dieser Studien geht hervor, dass die wissenschaftlich fundierte Psychotherapie tatsächlich wirkt. Bei der Hälfte der Patienten tritt schon nach 20 therapeutischen Sitzungen eine deutliche Besserung ein, bei einem Viertel nach 50 Sitzungen. Beim restlichen Viertel verfehlt die Behandlung ihr Ziel. Was die Therapiearten betrifft, gelten die Verhaltenstherapie, die Gesprächstherapie, die tiefenpsychologische Therapie und die systemische Therapie als nachweislich wirksam. Allerdings ist dies nicht so zu verstehen, dass jede Therapieart bei jeder Störung gleiche Erfolge bewirkt. Beispielsweise ist die Verhaltenstherapie bei Angststörungen wirksamer als die anderen Heilverfahren. Die Psychotherapieforschung beschäftigt sich auch mit der Frage, was den Therapieerfolg zustande bringt. Zum einen, so das Fazit, sind es die auf die Störung speziell zugeschnittenen therapeutischen Interventionen. Zum anderen handelt es sich um allgemeine therapieübergreifende Faktoren wie eine positive Therapiemotivation, eine vertrauensvolle Patient-Therapeut-Beziehung und eine empathische Grundhaltung des Therapeuten.

Seelisches Leid wird nicht nur mit seelischen Mitteln, sondern auch in Kombination oder alternativ mit Psychopharmaka bekämpft. Die moderne Psychopharmakologie begann Mitte des 20. Jahrhunderts mit der Entdeckung psychoaktiver Arzneimittel, die auf das Gehirn und infolgedessen auf die Seele einwirken. Häufig angewandt werden stimmungsaufhellende Antidepressiva, beruhigende Tranquilizer, antipsychotische Neuroleptika und schlafförderliche Hypnotika. Mit Hilfe der Psychopharmaka konnten die Krankheitsverläufe und die stationäre Verweildauer deutlich verkürzt werden. Ebenso wurde es durch die Gabe von Psychopharmaka möglich, seelisch akut Erkrankte psychotherapeutisch behandelbar zu machen. Die erwünschte Therapiewirkung tritt oft nicht sofort ein, sondern braucht einige Zeit.

Trotz vieler Fortschritte wird die Psychopharmako-Therapie auch kritisch gesehen. Die verwendeten Arzneimittel laufen Gefahr, Symptome zu unterdrücken. Vielen Patienten droht die physische oder psychische Abhängigkeit. Und es können außerdem unerwünschte Nebenwirkungen auftreten. Beispielsweise bei der neuroleptischen Behandlung in Form von Bewegungsstörungen, Apathie, Krampfanfällen oder Sprachstörungen.

Wenn Menschen Probleme und Konflikte auf der Seele liegen, die noch keinen Krankheitswert besitzen, können sie psychologische Beratung in Anspruch nehmen. Angeboten wird sie vielerorts an Beratungsstellen in öffentlicher oder privater Trägerschaft. Dort stehen Fachkräfte unterschiedlicher beruflicher Herkunft den Ratsuchenden zur Verfügung – vor allem Psychologen, Sozialpädagogen, Sozialarbeiter und Heilpädagogen. Sie helfen unter anderem bei der Lösung von Erziehungsschwierigkeiten, Kommunikationsproblemen, Verhaltensproblemen, Lern- und Schulschwierigkeiten, Familienproblemen, Ehe- und Partnerschaftskonflikten. Die seelische Hilfeleistung erfolgt kooperativ und auf Augenhöhe.

Außerhalb der wissenschaftlich fundierten Seelenberatung und Seelentherapie gibt es eine Vielzahl höchst fragwürdiger esoterisch-spiritueller Verfahren, die seelisches Heil anbieten. Sie erklären seelische Probleme auf der Basis simpler Modelle und bieten „Heilverfahren" an, die einer seriösen Wirksamkeitsanalyse nicht standhalten. Auf diesem außerfachlichen Psychomarkt werden pro Jahr 10-20 Milliarden Euro umgesetzt. Nicht eingerechnet in diese Summe ist der esoterisch-spirituelle Buch- und Produktmarkt (Amulette, Heilsteine, Räucherwerk u. a.). Unter den Kunden befinden sich viele seelisch labile Menschen, die sich vom Konsum im seelischen Supermarkt Heilung und Sinnerfüllung versprechen. Angesichts der Gefahren, die damit für die seelische Gesundheit verbunden sind, wird der psychologische Verbraucherschutz nach wie vor vernachlässigt. Es gibt zwar das Psycho-therapeutengesetz, das die Ausübung heilkundlicher Tätigkeit re-gelt. Leider fehlt aber ein Gesetz, das die Menschen vor Seelen-fängern und Quacksalbern schützt.

Immer weniger Menschen betrachten die Kirche als Ort des See-lenheils und der seelischen Hilfe. Diese Feststellung bezieht sich vor allem auf wohlhabende Länder. Die christlichen Kirchen ver-zeichnen dort immer mehr Kirchenaustritte. Und aus Repräsenta-tivbefragungen geht hervor, dass nur noch etwas mehr als die Hälfte der Kirchenmitglieder an Gott glaubt. An die Stelle dieser seit dem Ende der Antike existierenden Religion nagt der Zahn der Säkularisierung. An ihre Stelle treten die Psychotherapie und der kommerzielle Seelenmarkt.

Exkurs: Wie viel wiegt die Seele?

Am Beginn der Moderne führte der gläubige Mediziner Duncan MacDougall (1866-1920) ein spektakuläres Experiment durch. Sein Ziel war es, die Existenz der Seele nachzuweisen. Er nahm an, dass die Seele im Hirn substanziell existiert und nach dem Tod den Körper verlässt. Seine Stichprobe bestand aus sechs Menschen, deren Sterbebett auf einer Waage positioniert war. Er ermittelte ihr Gewicht kurz vor und kurz nach dem Eintritt ihres Todes. Der Gewichtsunterschied betrug durchschnittlich 21 Gramm. Dasselbe Experiment führte MacDougall später mit 15 vergifteten Hunden durch. Bei ihnen konnte er keine Differenz feststellen. Aus seinen Messungen zog er den Schluss, dass es die Seele gibt und nur die Menschen eine solche besitzen. Seine Erkenntnisse wurden für unwissenschaftlich befunden. Den Gewichtsverlust führte man auf den Verlust von Körperflüssigkeit zurück, der sich nach dem finalen Schweißschub ereignet.

Seelenweisheiten aus der Moderne

Die Seele, glaube ich, ist unsere Individualität.
José Saramago

Die menschliche Seele kann nur ein Querkopf ganz in ein wissenschaftliches Lehrgebäude einfangen wollen.
Alfred Adler

Die Seele muss nicht immer etwas Religiöses sein. Alles, was wir empfinden, das ganze Sammelsurium von Gedanken, Wahrnehmungen und Vorstellungen, nenne ich "Seele". Sie umfasst sehr viel mehr als der "Geist". Nicht nur kognitive Vorgänge, sondern unsere gesamte Erlebnis- und Gefühlswelt.
Gerhard Roth

Ist doch die Seele das undurchsichtigste und unnahbarste Gebilde, mit dem sich das wissenschaftliche Denken je beschäftigt hat.
Carl Gustav Jung

Wie die Seele verstehen, wenn die Seele nie erwähnt wird.
Bruno Bettelheim

Ein moderner Neurobiologe braucht die religiöse Vorstellung einer Seele nicht, um das Verhalten von Menschen und anderen Lebewesen zu erklären.
 Francis Crick

Die Seele ist allemal zweideutig, ihre Geheimnisse weichen vor jedem Versuch ihrer Enträtselung in andere Tiefen zurück.
Helmuth Plessner

Die Seele ist eben nur im Ganzen „eine Seele".
Andres Furger

Das Gewicht der Seele zeigt sich vor allem in der Not. Wer leidet, leidet immer seelisch, unabhängig davon, ob die Ursache des Leidens eher körperlicher, sozialer oder psychodynamischer Art ist.
Daniel Hell

Immer ist unsere Seele um innere Balance bemüht und ständig ist Arbeit für sie da. Weil sich immer alles bewegt und neu gestaltet.
Achim Haug

8. Schlussbetrachtung

Jeder Mensch birgt in seiner Seele ein kleines Reich, worin sich allerlei Empfindungen, Gefühle, Vorstellungen und Gedanken drängen und treiben, einander hervorrufen und verdrängen, sich vertragen und streiten, sich vergleichen und scheiden. Es herrscht nie Ruhe darin, sondern alles ist in ständiger Bewegung, in fortdauerndem Fluss. Nur eines bleibt fest im Wechsel der Erscheinungen: Ich selbst, der diese Empfindungen, Gefühle und Gedanken hat, mein Bewusstsein.
Gustav Theodor Fechner

Die Seele ist der Wesenskern des Menschen. Sie ist unser Binnenraum und die Gesamtheit unseres Denkens, Fühlens und Empfindens. In ihr kommt die Einzigartigkeit des Menschen zum Ausdruck.

Obwohl in der wissenschaftlichen Psychologie die Seele großenteils durch den wissenschaftlichen Begriff „Psyche" ersetzt worden ist, ist sie außerhalb der Fachgrenzen weiterhin begrifflich existent.

Zum einen ist von der Seele in der Philosophie, Theologie, Religionswissenschaft, Literaturwissenschaft und Kunst häufig die Rede. Zum anderen verwenden wir sie immer wieder in unserer Alltagssprache, um Mentales und Emotionales sprachlich zum Ausdruck zu bringen. Die Seelenwörter helfen uns, die Kälte der digitalen Welt besser zu ertragen.

Obwohl die Säkularisierung fortschreitet, befindet sich im Bewusstsein vieler Menschen immer noch die Vorstellung von einer immateriellen Seele. Zum Vorteil der Religionen, die eine Unsterblichkeit der Seele postulieren. Mithilfe dieser Unsterblichkeitslehre gewannen sie die Herrschaft über die Seelen der Gläubigen und üben sie immer noch aus.

Der Glaube an das Weiterexistieren im Jenseits ist ein Antidepressivum, das die Sinnleere kompensieren und die Todesangst bewältigen hilft.

Die Neurowissenschaften haben die religiösen Seelenlehren empfindlich erschüttert. Die Erkenntnisse über den Ort, die Struktur und die Funktionen der Seele widerlegen die Annahme einer vom Körper getrennten substanzlosen Seele. Ob man es wahrhaben will oder nicht, die Seele ist aus wissenschaftlicher Sicht vom Hirn erzeugt und ans Hirn gebunden.

Das Seelenleben ist ein kompliziertes, dynamisches und konflikthaftes Geschehen. Immer häufiger sind professionelle Therapeuten und Laien damit befasst, seelisch Leidende dabei zu unterstützen, ihr Gleichgewicht zu finden. Seelische Gesundheit und seelischer Halt sind ein hohes gesundheitliches Gut.

Es spricht nichts dagegen, den Begriff „Seele" sowohl in der Fachwelt als auch im Alltag weiterhin zu verwenden. Selbst Hirnforscher wie Gerhard Roth plädieren dafür. Die Begriffsverwendung impliziert nicht, dass damit etwas Religiös-Mystisches gemeint sein muss.

9. Literaturverzeichnis

Ackerknecht, E. H.: Kurze Geschichte der Psychiatrie. Stuttgart 1985 (3. Aufl.).

Aristoteles: Über die Seele. Stuttgart 2011.

Augustinus: Bekenntnisse. München 1997.

Aurel, M.: Selbstbetrachtungen. Stuttgart 1986.

Bonin, W. F.: Die großen Psychologen. Von der Seelenkunde zur Verhaltenswissenschaft. Düsseldorf 1983.

Brückner, B.: Geschichte der Psychiatrie. Köln 2015 (2. Aufl.).

Burton, R.: Anatomie der Melancholie. (übersetzt von Ulrich Horstmann) München 1991.

Carter, R.: Das Gehirn. München 2010.

Collin, C.: Das Psychologie-Buch. München 2012.

Crick, F.: Was die Seele wirklich ist. Die naturwissenschaftliche Erforschung des Bewusstseins. München 1994.

Crone, K./Schnepf, R./Stolzenberg, J. (Hrsg.): Über die Seele. Berlin 2010.

Deutsche Gesellschaft für Psychiatrie und Psychotherapie, Psychosomatik und Nervenheilkunde (DGPPN). Zahlen und Fakten der Psychiatrie und Psychotherapie. www.dgppn.de

Di Franco, M.: Die Seele. Begriffe, Bilder und Mythen. Stuttgart 2009.

Epiktet: Handbüchlein der Moral. Stuttgart 2014.

Epikur: Der Weg zum Glück. Köln 2011.

Descartes, R.: Meditationes de prima philosophia. Lat.-dt., hrsg. v. Lüder Gäbe. Hamburg 1992.

Doucet, F.: Geschichte der Psychologie. Von den vorchristlichen Philosophen bis zu den Seelenärzten des 20. Jahrhunderts. Bindlach 1971.

Durant, W./Durant, A.: Kulturgeschichte der Menschheit. Band 1 bis 18. Köln 1985.

Fahrenberg, J.: Annahmen über den Menschen. Menschenbilder aus psychologischer, biologischer, religiöser und interkultureller Sicht. Kröning 2008 (2. Aufl.).

Frances, A.: Normal. Gegen die Inflation psychiatrischer Diagnosen. Köln 2014.

Frank, J. R.: Die Heiler. Über psychotherapeutische Wirkungsweisen vom Schamanismus bis zu den modernen Therapien. Stuttgart 1985.

Freud, S.: Abriß der Psychoanalyse. Das Unbehagen in der Kultur. Frankfurt 1970.

Furger, A.: Das Bild der Seele. Im Spiegel der Jahrtausende. Zürich 1997.

Galenus, C.: De proprium animi cuiuslibet affectuum dignotione et curatione. Paris 6, 10, S. 23, 1995.

Galliker, M./Klein, M./Rykart, S.: Meilensteine der Psychologie. Die Geschichte der Psychologie nach Personen, Werk und Wirkung. Stuttgart 2007.

Goethe. J. W.: Dichtung und Wahrheit. Aus meinem Leben. Stuttgart und Tübingen 1818.

Goller, H.: Das Rätsel Seele. Was sagt uns die Wissenschaft. Kevelaer 2017.

Hampden-Turner, C.: Modelle des Menschen. Ein Handbuch des menschlichen Bewusstseins. Weinheim und Basel: Beltz 1982.

Haug, A.: Das kleine Buch von der Seele. Ein Reiseführer durch unsere Psyche und ihre Erkrankungen. München 2018 (2. Auf.).

Hell, D.: Die Wiederkehr der Seele. Wir sind mehr als Geist und Gehirn. Freiburg im Breisgau 2009.

Hinterhuber, H.: Die Seele. Natur- und Kulturgeschichte von Psyche, Geist und Bewusstsein. Wien und New York 2001.

Høystad, O. M.: Die Seele. Eine Kulturgeschichte. Köln, Weimar, Wien 2017.

Jacobsohn, H./Franz, M. L./Hurwitz, S.: Zeitlose Dokumente der Seele. Zürich 1952.

Jüttemann, G./Sonntag, M./Wulf, C. (Hrsg.): Die Seele. Ihre Geschichte im Abendland. Göttingen 2005.

Knebel, S. K.: Scientia de anima: Die Seele in der Scholastik. Jüttemann, G./Sonntag, M./Wulf, C. (Hrsg.): Die Seele. Ihre Geschichte im Abendland. Göttingen 2005.

Kornmeier, U. (Hrsg.): Die Seele ist ein Oktopus. Antike Vorstellungen vom belebten Körper. Berlin und Ingolstadt 2017.

Landau, C.: Das Philosophie-Buch. München 2011.

Laplanche, J./Pontalis, J.-P.: Das Vokabular der Psychoanalyse. Frankfurt 1973.

Lück, H. E./Miller, R. (Hrsg.): Illustrierte Geschichte der Psychologie. Weinheim und Basel 2005.

Lück, H./Miller, R./Sewz, G. (Hrsg.): Klassiker der Psychologie. Die bedeutenden Werke: Entstehung, Inhalt, Wirkung. Stuttgart 2018 (2. Aufl.).

Mackenthun, G.: Grundlagen der Tiefenpsychologie. Gießen 2013.

Meyers, D. G.: Psychologie. Heidelberg 2014 (3. Aufl.).

Meyhöfer, A.: Eine Wissenschaft des Träumens. Sigmund Freud und seine Zeit. München 2006.

Oeser, E.: Geschichte der Hirnforschung. Von der Antike bis zur Gegenwart. Darmstadt 2010 (2. Aufl.).

Payk, T. R.: Psychiater und Psychotherapeuten. Berufsbilder in der medizinischen und psychologischen Heilkunde. Stuttgart 2012.

Pieper, D.: „Der Himmel ist leer." DER SPIEGEL, Nr. 17, 20.4. 2019.

Pongratz, l. J.: Hauptströmungen der Tiefenpsychologie. Stuttgart 1983.

Porter, R.: Die Kunst des Heilens. Eine medizinische Geschichte der Menschheit von der Antike bis heute. Heidelberg und Berlin 2003.

Pritzel, M.: Die akademische Psychologie. Hintergründe und Entstehungsgeschichte. Berlin und Heidelberg 2016.

Reiners, L.: Der ewige Brunnen. Ein Hausbuch deutscher Dichtung. München 1982 (2. Aufl.).

Reuter, H.: Geschichte der Psychologie. Göttingen 2014.

Ribi, A,: Neurose – an der Grenze zwischen krank und gesund. Eine Ideengeschichte zu den Grundfragen des Menschseins. Berlin und Heidelberg 2011.

Roback, A. A.: Weltgeschichte der Psychologie und Psychiatrie. Olten und Freiburg i. Brsg. 1970.

Röd, W.: Kleine Geschichte der antiken Philosophie. München 1998.

Roth, G./Strüber, N.: Wie das Gehirn die Seele macht. Stuttgart 2017 (7. Aufl.).

Schlüter, C.: Die wichtigsten Psychologen im Porträt. Augsburg 2014 (4. Aufl.).

Schmidbauer, W.: Die Geschichte der Psychotherapie. Von der Magie zur Wissenschaft. München 2012.

Schönpflug, W.: Geschichte und Systematik der Psychologie. Weinheim 2013 (3. Aufl.).

Schott, H./Tölle, R.: Geschichte der Psychiatrie. Krankheitslehren, Irrwege, Behandlungsformen. München 2006.

Schreiber, M.: Was von uns bleibt. Über die Unsterblichkeit der Seele. München 2009.

Seneca: Das große Buch vom glücklichen Leben – gesammelte Werke. Köln 2014.

Sprung, L./Sprung, H.: Eine kurze Geschichte der Psychologie und ihrer Methoden. München 2010.

Steer, G./Sturlese, L. (Hrsg.): Lectura Eckhardi. Predigten Meister Eckharts von Fachgelehrten gelesen und gedeutet. 3 Bände. Stuttgart 1998–2008.

Stuckrad, Kocku von: Die Seele im 20. Jahrhundert. Eine Kulturgeschichte. Paderborn 2019.

Thomä, H./Kächele, H.: Psychoanalytische Therapie. Praxis. Heidelberg 2006 (3. Aufl.).

Uslar, D. v.: Was ist Seele. Würzburg 1999.

Watson, P.: Ideen. Eine Kulturgeschichte von der Entdeckung des Feuers bis zur Moderne. München 2008.

Wehner, E.G. (Hrsg.): Geschichte der Psychologie. Darmstadt 1990.

Weiher, H.: Homer. Odyssee. Berlin 2013.

Weinkauf, W.: Die Philosophie der Stoa. Ausgewählte Texte. Stuttgart 2001.

Zeitfracht Medien GmbH
Ferdinand-Jühlke-Straße 7
99095 Erfurt, Deutschland
produktsicherheit@kolibri360.de